自閉っ子のための友だち入門

社会《みんな》の中で生きる子どもを育む会——著

花風社

自閉っ子のための友だち入門　もくじ

友だちほしいかほしくないか／教師が抱く望ましい友だち像／大人の気に入る相手ではなくても／自分の力で生きていこう／友だちという言葉の呪縛／ひとりの時期をプラスにする／研究職と社会性／親が臆病でないことはありがたいこと／小学校一年生から金銭教育を受けた／他人が右を行けば、左へ行け／全人的にかかわらなくていい／人には両面ある

5 友だちほしい人もほしくない人も それぞれ幸せになれます……181

愛甲修子（臨床心理士・言語聴覚士）

「友だちいらない」は順調は生育のサイン／「友だちいなくていいよ」という言葉で安心できる／それでも友だちほしい人にはどういう発達援助をするか？／カウンセラーとしてはどういう対応をするか？／選ぶ力をつけるカウンセリングとは？／関係性の発達をどうアセスメントするか？／友だち作りへの過信？／友だちいないことと、いじめられること／友だちをほしがらないことは、勇気のあること／関係性がどこまで発達しているか身体から見抜く／かかわり方の資質／お友だちができた人たち／大人になったら友だちができる？

6

あとがきに代えて

自分の社会性を棚卸ししてみる

浅見淳子（編集者）

本書の編集を終えて／私の社会性を棚卸ししてみる

友だちほしい人。
ほしくない人。
ほしいけどできない人。
ほしくないのに作れって言われる人。

大丈夫です。
みんな幸せな大人になれるよ。

1

気がついたら、友だちがいた

藤家寛子
（作家・販売員）

アスペルガー症候群だと判明して十年近くが経過した。

その間、いろいろな質問を受けるようになったが、中でも頻繁に聞かれたのが、「友だちは必要だと思いますか？」というもの。

今の私の答えは、イエス寄りだ。

友だちはいるにこしたことはない。

でも、いなくても死にはしないし、恥じるべきことでもないと思う。


実際、子ども時代の私が友だちを欲していたかというと、そうでもなかった。

学校の先生は、クラスの運営上、友だちを作ることを推奨するが、私には友だちの必要性がよくわからなかった。

友だちって、何をしてくれる存在なのか。

どういうつきあいをする人のことを呼ぶのか。
そういうことも、わかっていなかった。

そうそう。
「どういう友だちがほしかったですか？」という質問も多かった。
私が望んでいたのは、腹心の友だ。
でも、そういう友だちを何人もほしかったわけじゃない。
たったひとりでいいから、私を助けてくれる人がほしかった。
勉強やスポーツとかからではない。
つらい家庭環境から救い出してくれる、そんな腹心の友がほしかった。
自殺の相談をしても、驚かないような、肝のどっしり据わった友だち。
身を挺して、私をかばってくれる友だち。
でも、そういう友だちが、小学生のうちに見つかるわけもない。

せいぜい、連れションするとか、交換日記を交わすような友だちくらいしかできないだろう。

そういう友だちなら、私はいらなかった。

ほしくなかった。

休み時間はひとりでゆっくり過ごしたかったし、学校の行き帰りも、のんびりひとりで通いたかった。

集団行動はもともと苦手だったので、誰かと一緒にいることを自分から望んだことはほとんどない。

だけど、学校では何かと友だちを作っておかないと、困ることが多かった。

校外学習のとき。

修学旅行のとき。

遠足のとき。

とにかく、行事という行事で、班行動が付きまとう。

そういうときに、ひとりで、というのは許されないのだ。
だから、「友だちは必要だと思いますか？」という質問はナンセンスだと思っていた。

私は長い間、孤高の人のように思われていて、実際、友だちも少なかった。
振り返ってみよう。

小学校時代。
私はMちゃんをリーダーとする仲良しグループの一員だった。
メンバーは私を含めて四人。
仲良しといいつつ、私は残りの三人にいじめられていた。

陰口や仲間はずし。
宿泊訓練のときは、ひとりだけ床に寝かされた。
三年生から五年生まで、地獄のような日々を送った。
六年生に上がるとき、マンモス小学校だった私の学校は分離した。

そこで仲良しグループは解散を余儀なくされた。

私の（一応の）友だちは分離して新しくできた学校に行ってしまったため、六年生のときは友だちがいない状態になってしまった。

それはそれで問題で、私は友だちづきあいが極端に下手な子というレッテルをはられてしまった。

それによってクラスで浮いてしまい、結局はいじめの対象になった。

中学校に入ると、いろんな地区から子どもたちが集まり、友だち関係も新たなものに生まれ変わる。

私は出だし好調で、たくさんの人から友だちになろうというお誘いを受けたが、どれも乗り気がしなかった。

特定のつるむ友人というのを作らなかったため、最終的に変わった人という印象を与え、またもやいじめに発展した。

1
気がついたら、友だちがいた

中学校時代のいじめは、相当激しいものだった。

ひとつ印象に残っているのは、私をいじめていた人物が、二年生になった頃には、いじめられる側になってしまったこと。

それが印象的だったというのではなくて、あるクラスメイトのひと言が強烈なインパクトを私に与えた。

「寛子ちゃん、一年のときCにいじめられていたよね？　私が仇とってあげる！」

目が点になった。

そう言ったのは、私の友だちでもなんでもない子だった。

それどころか、「一年のとき、お前もシカトに加わっていただろうが！」と言わなければいけない子だった。

一体、友だちってどういうものなのか。

どの程度のつきあいだったら、友だちになるのか。

仇をとってくれる人とは友だちになったほうがいいのか。

ひとりでいるのは、そんなに悪いことなのか。

学年が上がるにつれ、友だちというものが極めてわからなくなっていった。


そして高校時代。

これは思い出したくないので省力する。

まあ、悲惨な友だちづきあいが待っていたと察してくださったら幸いだ。


私が友だちっていいな、と思うようになったのは、大学に入ってからだ。

ある程度自立した関係を築けるし、同じ興味を持って大学に入学しているから共通の話題に事欠かない。

それぞれの意思も尊重される。

その頃になって初めて、友だちを作りたいと思うようになった。


そのあと、私は本格的な大病をし、ほぼ寝たきりの状態になった。

友だちを作るどころではなく、その生活が三年くらい続いた。


再び私が外の世界にかかわれるようになったのは、二十三歳の頃。

最初にできた友だちは、私の高校のときの先生とその奥さんだった。

腹心の友と呼べる人たちだ。

初めて心を開くことができた人たちで、恩人だと思っている。


次にできた友だちは、ふたりの女性。

どちらも同世代。

特にAさんはお姉さんのような存在で、いなくなったら多分生きていけないというくらい大好きだ。

その人に出会って、ずっと毛嫌いしていた同性が平気になった。

やっぱり恩人だといえる。


大学のときの友人、Yもずっと友だちでいたいと思える素敵な子だ。


それら五人の人たちとの出会いで、私は変わった。

学校時代の便宜上の友だちではなく、本当に私を必要としてくれる友だちと出会えたからこそ、「友だちは必要だと思う」という答えにたどり着いた。

だから今、私はイエス寄りなのだ。


そして現在。

SNSを通じて、私は友だちが百人以上できた。

挨拶をやり取りする程度の人から、親しくメールをやり取りする人まで幅広く、オンライン上だけのつきあいの人もいれば、リアルに会う友だちもいる。

実は、高校時代、ものすごく嫌っていた人からも友だちになろうという誘いがあった。

内心、どうしようと悩んだ。

でも、相手ももう大人だ。

友だちになれるかもしれない可能性を捨てるのはやめて、私は思い切って友だちになることにした。

意外にも、その人は私が執筆活動をしていることを知っていたし、載った新聞もチェックしていてくれた。

言葉を交わしてみると、案外いい人で、楽しい人物だった。

そういうことがあり、学校時代の知り合いから友だちに発展するケースが最近多い。

それはそれで非常にいい。

また、職場で友だちができた。

以前の職場の友だちもいる。


私は長い間、友だちの定義が理解できなかった。

どれくらいのつきあいがあったら友だちなのか、よく把握できなかった。

すごく親しくて、その人の誕生日とか血液型とか星座とか、全部知っていなければ、友だちじゃないのだろうな、と思っていたところがあった。

頻繁に連絡を取り合わなければ、友だちと呼べない、とか。

一年以上会っていなければ、もう友だちじゃない、とか。

へんてこりんな自分なりの定義があった。

それが間違っていると教えてくれたのは、以前の職場の仲間だった。

おかげで、今は軽いつきあいの人も含めて、大勢の友だちがいる。

友だちっていいものだ。

今の私は、友だちを望んでいると思う。

具体的に私の友だちづきあいは、こんな感じだ。
すごく親しい人でも、たまにしかメールをしない。
頻度は一ヶ月に一、二回。
何往復かメールをやり取りする。

半年に一度くらいは、家に遊びに行ってお茶をする。
半日くらいはおしゃべりをする。
ショッピングに出かけたりもする。

誕生日は欠かさずメッセージを送る。
相談をされたら真剣に乗るし、必ず秘密を守る。
親しき仲にも礼儀ありを決して忘れず、思いやりを持って接する。
一番大事なのは、相手を信じることだ。

相手を信じずに、自分だけ信じてくださいというのは、成立しないと思う。

だけど、こういう友情は、ある程度大人にならないと成立しないのではないかと思う。

子どもの頃は、嫌われまいとすることに必死で、へんにご機嫌をとったり、顔色をうかがったり、戦々恐々としていた。

子どもの頃の友情はひび割れがしやすく、他愛もないことで亀裂が入り、関係が終息することが多い。

最悪の場合、いじめに発展することだってある。

小学生相手に、腹を割って本音で会話しようとか、耳の痛いことをあえて言うとか、そういうつきあいができるかといったら、できないと思う。

でも、私はそういう友情を求めていた。

実際、そういうつきあい方をして、大いに顰蹙を買っていた。
普通の小学生は、十歳やそこらで人生についての話はしない。
給食を食べながら話すのは、たいてい前日に見たテレビの話題だろう。

たかが学校の友だち。
相手の将来のことを思っていろいろアドバイスをするのは余計なお世話らしい。
しかし。
されど学校の友だち。
都合の悪いことでも意見を合わせていないと、仲間はずしに合う。
なんというか、学校時代に友だちを作るのは、結構高等なスキルが必要なのだ。

ただでさえコミュニケーション能力に障害があるアスペルガー症候群の人間が、子ども時代に真っ当な友だち関係を築けるかどうか。
否、である。

本当は、友だち作りを強制されないのが一番の理想だ。

事実、私は友だちが、あまりほしくなかった。

いらないと思っている友だち。

仲良くなれるはずがないし、うまくつきあえるわけがない。

でも、先生は「友だちがいないのは悲しいことですよ」と言ってくる。


友だちがいないのは、本当に悲しいことなのか？

答えはひとりひとり違うと思うが、私はそう思わない。

むしろ、本心を隠して、嘘をつきながら友だちでいようとすることのほうが、よっぽど悲しく、おまけに惨めだと思う。


でも、最近、それもスキルのうちなのかもしれないと思うようになった。

適当というと言葉は悪いが、学校時代はそういうつきあいでもいいのかもしれない。

中にはごく稀に、学校時代の友だちと、ずっとつながっている人もいるが、学校時代が過ぎ去ってしまえば、そこで友情が途切れる人の方が多い。

それを考えれば、短い学校生活の中で、便宜上の友だちを作ることも、サバイバルする方法のひとつなのかもしれない。

そういうスキルなら、幸い私も持ち合わせていた。


そうやってなんとか学校時代を通り過ぎ、大人になって真の友人に恵まれるケースは、発達障害の人に限らず、多くの人が体験することなのではないかと思う。

私がひとつラッキーだったのは、友だちに関して、両親からプレッシャーを受けなかったことだ。

合わない人とは無理につきあう必要はない。

ひとりでいることは、別に恥ずかしいことではない。

両親はそういう考えを持っていた。

もともと父親自身が孤高の人タイプなので、嫌な思いをしてまで友だちづきあいをしなさいと言わなかった。

それはとてもありがたかった。


父は狭く深くつきあいをする。

父の友人という人は数人しか見たことがない。

でも、一番の親友は小学校からのつきあいで、もう五十年近く友だちを続けている。

だから、子どものときの友だちづきあいが、すべて途切れるわけではないことは理解している。

ただ、父のようなつきあいをしている人は稀だと思う。


さて。

友だちよりももっと広い範囲の同級生について、少し話を進めたい。

私は子どもの頃、いつも人の目を気にするところがあった。

かなり自意識過剰だったと思う。
人が自分のことをどう見ているか、ものすごく気になった。

できれば嫌われたくない。
それもみんなから。

私はいつもそう思っていた。
今でこそ、人に嫌われることもあるし、嫌われてもたいしたことじゃないとわかる。
でも、当時は、人に嫌われたらお終いだと思っていた。
私は、嫌われることは、何か危害を加えられることだと思い込んでいた。
実際のところ、嫌われるといじめられたし、嫌な思いをした。
嫌われたくないけれど、人に合わせてペコペコするのは嫌だった。
しかも、ズバズバと自分の意見を言う性格だった私は、かなりの人に嫌われていた。

だから、毎日が怖くてたまらなかった。

ある日突然、私を嫌っている人が束になって襲い掛かってきたらどうしよう。

殺されたらどうしよう。

真剣に悩んでいた。


人から攻撃されることが、常に殺人と結びついていた。

嫌がらせを受けるとか、そういうことを通り越して、殺されるかもしれないと思ってしまう。

なぜそういう思考回路になったのかはわからない。

もしかしたら、(一応の)友だちが、イライラしたときに「死ね」と言っていたから、殺されると思ってしまったのかもしれない。


とにかく、諸々の理由があり、嫌われたくないと思っていた。

そんな私が半ば開き直って、嫌われてもいいと思ったのは、自分にも嫌いな人ができたことがきっかけだった。

皆さんは嫌いな人にどういう態度を取るだろうか。
やたらとつらく当たる?
意地悪をする?
多分、たいていの人は、ほとんどかかわらず、相手にしないと思う。

そうなのだ。
嫌いな人には接しない。
それだけなのだ。
嫌いだからといって、殺人に至るわけがない。
それが、自分も人を嫌いになってやっとわかった。
それ以来、嫌われても怖くなくなった。
それに、なんといっても赤の他人だ。

自分が認めてほしいと思っている人物に嫌われてしまったなら辛くもあるが、関係ないただの同級生。

嫌われたところで痛くも痒くもない。


たとえ、攻撃されたとしても、無視すればいいだけのこと。

権利を侵害されたら、それなりの対応を取る。

それでいいのではないかと思えるようになった。

高校生のときだった。


人に嫌われることが怖いことじゃないとわかってから、人の目を気にすることが減り、ずいぶん自意識過剰から遠のいた。

そうすると、不思議なことに、高校の残り一年は同級生とそれまでになく接する機会の多い一年になった。

それから長い年月が経った。
今、文章を書く仕事をするようになり、予期せず、見ず知らずの読者の人に名指しで嫌いと書かれていたりすることがある。

だけど、それが気にならないのは、自分も人を嫌いになることがあるからだ。
好き嫌いは千差万別。
万人に好かれることは不可能だ。
だから、怖くない。

話を友だちに戻す。
友だちがいないことを不幸だとは思わないということは前述した。
ただ、友だちがいるのは、とても幸運なことであるとも思う。
私はネット上の友だちが百数十人と、つきあいの深い友だちが、十人程度いる。

友だちと分かち合う喜びは、この上ない。

悲しみも分け合いっこできる。


以前は嫌っていたネット上のコミュニケーションで、こんなにもたくさん友だちができるとは思わなかった。

ずっと交流のなかった人たちとも、SNSで再会して、今ではいいおつきあいができている。

交流が始めからなかった人とだって友だちになっている。

すごく便利な世の中になった。

そういう手段で友だちを増やすのもありだと思う。


私は、友だちは、年齢なんて関係ないと思っている。

だから、私の友だちは十歳以上年下の子もいるし、母親くらいの年齢の人もいる。

そういうところは、子どものときから変わっていない。

私は年上の友だちがすごく多かった。

あまり同級生とは馴染めず、学校でも先輩に可愛がってもらった。

でも、学校では同級生の、しかもクラスメイトの友だちを作るように言われていた。

それもやっぱり、学級運営上、束ねやすくするためだったのかもしれないけど、私はなかなか、先生の言うような友だちが作れなかった。


私の他にも、そういう子はいた。

多くはなかったけど、それでも各クラスにひとりずつくらいいた。

グループになりなさいと言うと、必ずあぶれる子。

私もそのうちのひとりだった。


私が幸運だったのは、多少いじめられはしたものの、一匹狼が許されるキャラクターだったことだ。

ミステリアスとか、クールとか、そういう言葉ですまされていた。


同じように、友だちを作ることができない女の子がいた。

その子は今で言うアキバ系で、当時からオタクと呼ばれていじめられていた。

友だちを作れない者同士、ふたりで組まされたこともある。


学校である程度の単独行動が許されていたら。

もしくは、グループを作るときは先生があらかじめ分けておくという工夫があれば、私の学校生活はもっと穏やかだったかもしれない。

友だち作りにふり回されたのは確かだ。


先生たちは、「友だちを作りなさい」としか言わなかった。

でも、中には友だちの作り方がわからない子どももいると思う。

わからないまま、いじめっ子に従属しているだけの子どもも、たくさんいると思う。

それは結構、不幸なことだ。

幼い頃の嫌な記憶が原因で、大人になって友だちづきあいを放棄する人もいるかもしれない。

絶対無いとは言い切れないことだ。


だからこそ、友だち作りは強要すべきではないと思う。

友だちが必要かどうかは、その人自身が決めることだ。

そして、大人になっても友だち作りはできることを教えるべきだと思う。


そういえば、高校受験の面接のとき、こういう質問をされた。

「本当の友情について、あなたの考えを聞かせてください」

本当の友だちを持たない私に、そんな質問するなと思ったが、私は自分の考える友情について、こう答えた。

「相手のことを思うなら、いつも真実を言ってあげる。それが、私の考える本当の友情です」

今も基本的にその考えは変わらない。
でも、大人になって学んだことがいくつかある。
いつも、真実が正しいとは限らないということ。
あくまでも、私の考えによる真実だから、そんなに信憑性はないこと。
嘘も方便のときがあること。

やっぱり、何事も経験がものを言う。
友だちづきあいも同じだ。
長い人で、十年来。
それくらいのつきあいになれば、言っていいことと悪いことの区別はつくようになる。
類は友を呼ぶのか、私の友だちの多くは、真実を述べてくれる人が多い。
元気をもらったり、与えたり。

自分が友だちの役に立てたときは、とても気持ちがいいし、嬉しくなる。

反対に、協力してもらったときは、感謝の気持ちでいっぱいになるのだ。


友だちって素敵だ。

そう思えるようになったのは、十代の終わり頃からだ。

決して早くはない。


それでも、今はこんなに友だちがたくさんできた。

友だちを作るのに、遅すぎるということはないと思う。

だから、義務教育の間に、真の友だちが見つからなかったとしても、がっかりする必要はない。

むしろ、そんなに早く、本当の友だちは見つからないと思っておいたほうがいいかもしれない。

焦って友だち作りをし、失敗して心に傷を抱えるよりも、本当の自分を受け入れてくれる誰かに出会えることを、気長に待つのがよいというものだ。

そういうことを子どもに教えるのも、大人の大事な役割であると思ったりする。

現在、私の中にある友だち感は、こうだ。

関係は、持ちつ持たれつ。

一方的に依存するのはよくない。

依存されるのも困る。

相手は自分にとって、決して便利屋ではない。

だから、迷惑をかけるのはよくないと思う。

友だちだから大目にみてくれることもあるかもしれないが、それが頻繁にあると、友だち関係を解消されるかもしれない。

あくまで、対等の存在。
それが、私が考える友だちだ。

2

喧嘩、いじめ、そして友情

子どもがそれでも
学校に行く理由とは？

栗林先生

（小学校教諭・特別支援教育コーディネーター）

栗林先生が担任になるとラッキーなのか？

浅見 栗林先生。今回は『自閉っ子のための友だち入門』にご協力いただきありがとうございます。この企画は、『自閉っ子のための道徳入門』『自閉っ子のための努力と手抜き入門』をお読みになった読者の方から「今度は友だち入門を出してほしい」とヒントをいただいて、出すことになりました。

「友だち入門かあ。それはいいコンセプトだな。いつか作ろう」と思いながら、具体的な計画はすぐには立てませんでした。私はこういうとき、「自閉の神様が降りてくる」のを待ちます。脳内にこういう本を作りたいな、というコンセプトを置いておくと、やがて様々な出会いとか情報が集まってくることがあって、今回こうやってかたちにしたのもそういう感じです。

　栗林先生とは、うちの著者である中田大地君（編注：『ぼく、アスペルガーかもしれない。』『僕たちは発達しているよ』『僕は、社会《みんな》の中で生きる。』著者）の先生という関係で最初の出会いがありましたが、大地君が大変にすばらしい教育を受けているということで、それから情報交換させていただくようになりました。

今回この本にご参加いただこうと思ったのも、先生から酒席の雑談の中で「いじめにどう対処するか」のお話を聞き、特別支援教育において「死んだふり」をしない方は、いじめ対策においても「死んだふり」をしないのだなと感心したので、お話を活字にしたいと思ったのです。

先生から教師としていじめの問題にどう取り組んでいらっしゃるか聞いたのは、ちょうどお子さんがいじめの被害を受け自殺する事件、そして学校や自治体がぐるになってそれを隠し法廷まで持ち込まれた事件などが報道されていた時でした。そして発達障害のお子さんは、いじめの問題に悩まれることが多いんですよね。ときにはそれが不登校につながったり。

えーと「死んだふり」というのは私の造語で、「子どもの将来を考えずとりあえずその場を切り抜けることに至上の価値を置いた役に立たない支援者のあり方」を指すときに使います。特別支援教育の現場なら、将来社会の中で生きていける子を育てるためではなく、とにかくデイケアみたいに教室で預かって時間をつぶさせて終わり、みたいな現場を「死んだふり系特別支援教育」と呼んでいます。そして全国に素晴らしい先生方がたくさんいる反面、自分の周囲には「死んだふり系」の先生たちしかいない、という読者のご不満は多くてですね、それに比べて専門性のある栗林先生に見てもらっている大地君がうらやましい！　という声が多いわけです。特別支援教育はかたちだけは整ったけど、中身が伴っていない、とくに教師に専門性がない！　という保護者の不満の声が高いわけです。というわけで、ご本人にきくのも変ですが、栗林先生に出会った大地君はラッキーなんでしょうかね？

栗林　わはは。

ていうか、ラッキーとかどうとか、どう決まるんでしょうかね。もしかして大地君がラッキーだとして、それは栗林先生の「専門性」のおかげですか？　だったら専門性が高い教師が増えればラッキーな子が増えるんですか？　私としては、ラッキーな子が増えてほしいんだけど、そのためには「ああ、この先生でよかった」と本人が思える教師が増えないといけないでしょう。そういう教師の条件は何なんでしょう？　やはり専門性の高さですか？

ラッキーかどうか決めるのは教師ではなく子ども

専門性が高い教師が、自分が受け持つ子どもはラッキーだよな、と思っていても、子どもがラッキーだと思っているかどうかが大事ですよね。

そりゃそうだ。

子どもが好きかどうかは大きいですね。教職は、仕事のひとつには違いありません。仕事である以上、専門性は大事です。

それは、どんな仕事でもね。

じゃあ専門性がものすごく高くないといけないかというと、そうでもありません。

それは皆さん日々実感されていると思います。専門性が高くなくてもいい支援をしていらっしゃる人がたくさんいるので。

生まれたばかりから言葉を覚えるまでの子を上手に扱える人だったら、言葉がなくても感じてあげられる能力、言葉がわからない子にも伝える能力はあるでしょう。そういう資質は大事だとは思います。

子どもたちの内面の動きを、体感として感じることが上手な人ならいいですね。逆に専門性が高いと称される人、研究や何かにいっぱい触れていても、子どもの内面に感心がない人だとつらいとよく聞きます。だから保護者の方がおっしゃる専門性のなさっていうのは、いったいどういうものなのか、精査する必要があると思います。先生が今おっしゃったような能力がある人なら、特別支援教育の免許を持っているとかいないとか、何々の講座に何回出たとか関係なくて、そんなに問題にはならないこともあるのかなと思います。

でも栗林先生は、そうは言ってもやはりエリートなんじゃないですか。私、首都圏だけしか知らなかったときはわからなかったんですけど、地方に行けば行くほど、その都道府県の名前がついた大学の卒業生しか教員になっていないみたいですよね。栗林先生は北海道教育大学の特殊教育専攻をご卒業され、支援学校で重度の方も見た。そして北海道の中から選ばれて、国立の特殊教育に関する研究機関にも国内留学されています。ご自分では言いにくいでしょうけどたぶん優秀な先生と見なされているのではないでしょうか。だとするとやっぱり大地君はラッキーなのかなあとも思います。そういう先生別にごろごろそこらじゅうにいらっしゃるわけじゃないですし。

要するに自閉っ子の親御さんたちの不満は、子どもがふさわしい教育を受けさせてもらっていない、というところにあると思います。学校現場でも、「障害があるから」とあきらめられてしまって、その後の人生を消化試合みたいに扱う教師もいれば、発達障害の子の認知や過敏性に対処した構造化とかなんとか一切配慮せず「根性で乗り切れ」タイプの人もいるでしょう。少なくとも国の研究所で仕事をしたような先生なら、そのあたりの知識はあるんじゃないかと考えるわけです。どうなんでしょう？　そういう研究所では何を研究しているんでしょう？

研究所には、首都圏に普及していく十年前の先行研究をしている人たちがいます。研究して研究報告会やって、その内容が十年くらいたつと普及していきますね。やはり研究は先のことやり続けないといけませんから。

教育は現場で起きているんだけど

じゃあなんでそれが現場に降りてこないのでしょうか？　素朴な疑問ですが。

たとえば学習支援員の例をとってみましょう。

いわゆる介助とか加配とか言われる先生たちのことですね。

そうです。発達デコボコの子には配慮が必要だということがわかってきて、でも先生は予算上増やせないとなると、子育て経験者とか退職者とかそういう地域の人材資源をパートタイム的に配置するといいかもしれない、という話になるわけですね。そして、国としては全部の教室に加配が行き渡るだけの予算を組んだとしても、自治体レベルで見ると、それは別に人を雇用するために使わなきゃいけないお金ではなくて、他の目的のためにプールするのも可能だったとしたら人件費じゃなく他に回す自治体も出てきてもおかしくありませんよね、当然。

研究者が「こういうのあるといいよ」と研究結果を出して予算が降りても、自治体によって使い方が違うというわけですね。

元々は「教員だけでは数が間に合わないのであればどういう支援をすればいいか」という発想から生まれた研究であり、その結果に基づいて予算が組まれる。一方で、大学生のボランティアをつけていて効果を上げていたところもあります。だから国の施策は一つでも地域差は生まれますね。ラッキーな人とそうじゃない人が出てくるわけです。

なるほどね。いくら国が予算を組んでも、そのお金を使うのは自治体だから、自分の自治体の予算の使い方が自分の障害特性にとって都合がいい人とそうじゃない人は出てくるんですね。研究とお金と現場がどうつながるか、運が左右しますね、たしかに。

今後、国としてはどっちの方向に向かっていきそう？

でも私たちが知っておかなければならないのは、国がざっくりどっちの方向に向かおうとしているか、です。栗林先生や花風社は、障害がある子も社会に送り出したい方向です。とくに知的障害のない子については、早めに支援を入れて、大人になったときには能力を発揮する仕事についてほしいというのが根幹にあります。栗林先生も、そこは同じだと思います。でもそれが実現されていない現場もいっぱいあるでしょう。

研究者というのは、研究をして必要だとわかった支援は確実に実現したいと願います。そして国は予算を組むことによって、すでにそれが実現されかたちになっていると思っているかもしれません。効果が上がっていない、人材が充実していないのなら、それは自治体の運営に原因があるんだと、もしかしたらですが、そう思っているかもしれません。

なるほど。でも要するに、国全体としては社会に出てほしいという方向で、予算もそちらに割り当てているつもりなんでしょ？

そうです。

それは決まってるんですよね。

そのための支援だって、確実に充実してきているでしょう。でもじゃあ今の水準でよしとするかどうか、という問題ですよね。国としてはどこかで線引きをつけておかないといけないのだと思います。けれども研究者は「もっと、もっと」になりますね。

研究者はそれを言うのが仕事ですもんね。でも国全体のお金を振り分けるのは国の役目だから、研究者の提言は必ずしも実現されません。

じゃあそういう、「多分に運に左右されながらも全体的には進歩しつつある」という状況の中で、親の立場で、できることはなんでしょうか？

親の立場では、小さいエリアでものを考えていったほうがいいかなと思います。市として全体的に水準がまとまっているかっていうとそうでもないでしょう。私も、見てしまったことは教育委員会や関連の人に実態として伝えますけれども、それはまず自分のエリアをよくしたいからです。

学校と人格形成

まあ保護者の方の人生観、教育観も様々なので、先生たちも矢面に立って大変だと思います。保護者の不満にも様々なベクトルがあって

▼国としては社会を送り出す方向に行っているけど現場ではそれが難しいようだ。もっと社会で通じる子に育てる教育をしてほしい。

という不満の声と、とくに支援学校とかの場合ですけど、

▼職業訓練的なものが多すぎる。学校時代にはもっと違うこと教えてもらいたい。

という要望も中にはあったりします。働くことを教えてもらいたいと願う人もいれば、学校なんだから就職予備校じゃいやだ、という人もいるわけですね。多分、就職の準備が過度だという意見の裏には本来は学校はもっと違うこと教えるべきなんじゃないかという疑問があると思います。

以前は特に高等養護学校で、「世に出せ世に出せ」という時代がありました。でも、そこに揺り戻しがありましたね。保護者からも受け入れ側の地域や企業からも、「一つのことだけやっていても……」という疑問が上がってきたわけです。学校でせっせとクリーニングを教えてクリーニングの名人をいっぱい作ったって、全員に行き渡るほどクリーニングの求人はないわけです。でも学校はクリーニングの名人を作ろうとしていたわけじゃなく、作業を通した人間形成をしていたんですけどね。

そりゃそうだ。

でもまあ、そうやって作業できる子を増やす高等養護が増えていくと、職場の開拓も難しくなっていきます。

今もちょうどそういう風潮が強いですが、みんながみんな、知的障害のある子もない子も支援校に進んでも、今後職場開拓が大変になるだろうなという気がします。

そう。以前就労に力を入れていた時代も、やがて障害のある子の中にもエリートコースみたいなのができちゃって、どういう療育をすればあそこの高等養護学校に入れるか、みたいな話が出てきてしまいました。育ちの質とコースがリンクしているみたいな思いをみんなが共有していくんですね。そうこうするうち、浅見さんが今言った通り、通常学級からも高等養護に行く子も増えてきたでしょ。そうなると受けても落ちる子も出てきて、どうしようということになると思います。

そうですね。

という都会の「エリート校」がある傍ら、片田舎に目を向けてみると、わりとうまくやっていたりします。小さい地域の中で、決して多くない事業所との交流があって、実習を受け入れてもらって、そこで働いている子を見て「うちはこの子ほしいな」なんていう話が出てくるわけです。そういうエリアの高等養護では、子ども自身も仕事の中で成長していきますね。

そう考えると実習に出すのも人格形成なわけで、実習がいっぱいでもそれが学校の責任放棄ではありませんよね。

上手にやっているエリアの話を聞くと、中学の段階から地域の現場で実習積んだりしています。もちろんまだ作業的にはたいしたことはできなくても、働くという体験を積ませることに協力してくれる地域があります。それもまた、ラッキーですよね。

実習の様子を見て、「思ったよりやるじゃないの」なんて思ってもらえたらいいですよね。

雇用主の方の中には、「どうしてこんなできる子をできないっていうの？」とおっしゃる方もいます。学校の先生と見方が違うんでしょう。

学校の見方と雇用主の見方が違うという話はしょっちゅうききます。講演会とか行くと、北海道もすばらしい雇用主の方がいらっしゃるのわかります。たしかにそういう雇用主のいる地域の子たちはラッキーですよね。

就職と進学は違うし、就労支援と進学支援は違うでしょう。現場の先生たちがそれをわかっておかなくてはいけませんね。雇用主の社長さんたちは、「目的は勉強させることじゃない。働いてもらうのが目的」とおっしゃいます。雇えるのは、働ける身体と働く気持ちがある子だと。

最終的に適応しなければならないのは、そういう経営者の人たちの価値観であって学校の教師の価値観ではありません。それもあって私は個人的な自分の好みとしては、教師に人格形成に携わってほしくないんです。より正確に言えば、別に教師が人格形成してもいいんだけどあまり自分の人生に立ち入られたくないんです。

商売の世界にいて、物売ったり修理して代金を得たり働けば働くほどお金がもらえたりする論理の中で生きていく人にとっては、教師が教えられることは多くないと思います。まあ実際には、教師もお金もらって仕事しているんですけど。逆に、仕事じゃなかったらもっと思ったようにやるのにな、っていうことだってあるわけだし。

自分は商売の世界に進んで、結果的に教師に説かれた人生観とかはたしかにあまり役に立たなかったけど、そういう子ばかりじゃないだろうし、家庭で放ったらかしで基本的なしつけを受けられない子もいるだろうし、教師という立場の人が人格形成に踏み込まなきゃいけないこともあるのはわかります。人生観とか信条とか支持政党とかまで左右してほしくないですけどね。

ただ、とくに自閉症の子には、学校の教えに対して特別な脆弱性があるのを強調しておきたいんです。ある意味私たち以上に律儀に学校の教えを受け取ってそれで社会不適応起こしたりすることも多いようです。たとえば金銭嫌いになったり、お金稼いでいる人憎んだり。金銭嫌いで企業就労は難しいです。どこでこんな見方を身につけたのかなと思って元をたどっていけば、教育の場で植え付けられた建前の価値観を真に受けていただけだったりするので。

私が「教師は人格形成にかかわってほしくない」って言うときには、そういうことを言っているんです。決してしつけをするな、というわけではなく。

でも、その点栗林先生って絶妙ですよね。きちんと人格形成はしているけど、押しつけにはなっていない。

学校は社会

つまりね、小学校一年生になったら、おうちの玄関出たらもうそこは社会ですよ。そうじゃないといけないはずです。でも今なんとなく学校がおうちになっているでしょ。

そうなんですか。

おうちでならこのくらいぐたっとしてもいいよな、というくらいまでぐたっとしてたり、逆におうちだときちっとしていなきゃいけないけど学校だと羽伸ばせるとか。

それは変だなあ。

そう、変。で、先生たちは「なんでだろう?」と言うけど、それは学校は社会だと教えてあげていないからですよ。別にお母さんみたいな先生とかがいてもいいんですけど、そして昔からそういういい先生はいたと思うんですけど、本当のお母さんじゃないでしょ。でもここはおうちじゃないよ、外なんだよ、っていう空気も作らないと、子どもって本当の意味で育っていかないと思います。障害あってもなくても。

友だちは社会の入り口

なるほど。そこで友だちのところに入っていきたいんですけど。友だちは社会ですからね。社会の入り口だから。

さっきも言ったように、この『自閉っ子のための友だち入門』という本は、読者の方から「こういう本を作ってください」というリクエストをいただいて作ることにした本です。その方は友だちというものを根本的に誤解していて、友だちができると、「仲良しなのだからこそいくらでも迷惑かけていいはずだ」と思っていたそうです。でもそうすると、あちらはいやになって離れていってしまいます。あるいは、変なことするやつだといじめられてしまいます。

一方で藤家さんのように、前の職場の人にメアドきかれて、なんで？　もう関係なくなるんでしょ？　って不思議がるように、友だちを大げさなものと考えているらしき人もいます。藤家さんの場合は、その程度でも「友だち」でいいんだっていうことがわからなくて、自分は友だちいないと思ってたけど、実はいっぱいいたのでは……と今になって気づいているようです。地元で働いていると、自分の記憶の中では「この子は自分のことをいじめてた」と分類されている人でも屈託なく懐かしそうに声をかけてきたりするわけです。そういう話を聞いて思うんですけど、自閉っ子って友情もユニークですよね？

そうですね。つい最近いじめの根源的な原因と解決について考える講演会がありました。いじめはどこで起きるのかというと、特定の場所に特定の人がいつも集まっているという、そういう状況でしか起きないという話がありました。いじめが起きるのは基本的に知っている者同士の間でですよね。要するに会社だったり学校だったり。通り魔的に暴力ふるうのはいじめではないですよね。いじめには必ずターゲットがあるものです。

内藤朝雄さんという学者の方が、いじめというのは、限られた人間関係の中で強制的に仲良くさせられる人の間に起きると『いじめの構造』その他の著書の中で明らかにされています。だから私は、せめて学校が仲良しを強制しないでくれたらなあと思うんですけど、それがなかなか難しそうで、しかも自閉っ子の中にはむしろ普通の子よりも無理にでもとにかく誰かと仲良くなりたいと思い込んでいく子がいますよね。嫌われものでも仲間はずれでも別に死なないのに「嫌われたくない」「友だちがほしい」と思いつめていくというか。

そうなんです。自閉症に限らずコミュニケーションに苦手さを持っている人の中には、それにもかかわらずとても人を求めていくタイプの子がいます。一方で「ひとりがいいから放っておいて」という子がいます。そして、どちらも問題視されるんですね。

たしかに。

ひとりでいると学ぶものがないよ、ソンしてしまうよ、というイメージを抱く人もいるし、求めても求めても世の中の人全員と仲良くなれるわけではないのだから、自分の基準でつきあうべき人とそうじゃない人を判断できるようになってほしいわ、と思っている人もいると思います。

栗林先生はどうですか？

ものすごーく距離を置いてものをいうと、私は「どうでもいいじゃん」なんです。

どうでもいいじゃん？

小学校の六年間、友だちだったり友だちじゃなかったりしても三十年後はわからないし、どうでもいいでしょう。じゃあ子どもは何を求めて友だち友だちというんでしょうね。大地にきいたことありますよ。そうしたら仮面ライダーなんとかの話をいつでもできる人とか言ってました。

趣味が合う人ね。自閉っ子はそういうタイプの友情を求める人多いですよね。そして、やっぱりそうなるとネットとかにはまりますよね大きくなると。

でも子どもたち見ているとやはり、趣味が合うだけじゃないんですよね、仲良くなるのは。だいたい、コミュニケーションのレベルが同じような子と仲良くなるの。

ひきあうんですか?

コミュニケーションのレベルが合っているんですね。発達段階がまだ幼くて、その場で、その刹那に十分な関係でいい子はそういう子と仲良くなります。タイミングよく満足できるんですね。その子たちの心がつながっているかつながっていないかといったら、つながっていないとは思いません。お互いに楽しいよなと思っているけれども、何かをきっかけに他の子と仲良くなっても、わりとあっさりあきらめられるというか、「さみしいけどやっぱりボクの友だちじゃなかったみたい」っていう言葉が出てきたりするんですよね。

それは年より幼いというと、遅れかもしれないけど、ある意味気楽ですね。

なぜ教師というのは「みんな仲良く」と唱える生き物なのか

その人その人で友だちを持つ価値観って違うでしょ。小学生のとき持つ価値観がずっとそのままとも限らない。「この人といると幸せ」が友だちの基準だとして、じゃあ幸せっていうのは仮面ライダーなんとかの話をしているときだけなのか、お母さんと楽しく過ごしているときは幸せじゃないのか、偶然隣になった子と力を合わせて何かをやったときは幸せじゃないのか、ときいていくと、ああそれも幸せだなあとなるんです。でもそれを自覚していないから、昨日あの子と偶然こういう話して楽しかったとか、先週の家庭科の時間にこういう苦労を一緒にしてあの子と力を合わせて乗り越えて楽しかったなとか、そういう満足感が蓄積していかないタイプの子が、発達のデコボコがある子にはいるんですね。

ある意味、幸せがコマギレ、刹那的なんですね。

そう。「あの子と一緒にいて楽しそうだったじゃない」って言ってあげると思い出すんだけどね。

ああ、じゃあ友情を育みにくいのはワーキングメモリの問題？

もあるかもしれない。積み重ねになっていかないんですよね。その分新しい刺激が入ったとき、新鮮に受け取るんですけどね。

いやなストーリーも積み重ねがあるでしょ。たとえばA君にはこうやって切り出すと「そうだね」って言ってくれるけどB君の場合は違う反応をするとか。そういうのも積み重なっていかないから、「おかしいな思うような反応してくれないな」、と思って、友だちになれない人の脱落リストが増えていくんです。そしてこの人は脱落、あの人は脱落、と脱落リストが増えていってそのあげく選んだ人が、ああその人なの、みたいな。

わははは。「この人はこういう人だ」とか「こういう風に接するともめない」とかそういうデータも積み重なっていかないんだな。

そういう人間関係を、教師が全部つかめるわけがないので、もめ事が起きたときに、先生たちは把握していないから、聞き出していくしかないんですよね。で、「裏切られた！」とかなんだとか、聞いた情報からいいとか悪いとか両成敗とかになるんだけど、基本は「みんな仲良くね」になってしまうんですよ。美しくまとまってしまうんです。

ははあ。なるほど。そういう経過で教師の言うことって、最後には美しくなっちゃうんだ。「みんな仲良くね」でまとめてしまうのは、そういうひとりひとりのワーキングメモりとか友だち観とか、担任がつかめるわけはないからですね。

そう。どうしても最後には言うことが美しくなるんです。

そうすると、文字通りに受け取る子は大げさにとらえるかもしれませんね。友情＝美しく尊いもの、という風に。そして、そういう友だちを作らなければいけないんだと焦るかも。

友だちはいたほうがいいけれど

そもそも、はっきりさせておきましょう。次の二つは別の問題でしょ。

▼友だちがいたほうがいいかどうか
▼友だちがほしいかどうか

そうですね。そして小さい頃から友だち関係で悩んできた人にきくと「実は自分ではいらなかったのに作れと言われた」という体験談が多いんです。でも切実にほしいのにできない、と悩んでいる人もいますね。

ほしい子も多いですよ。

そうそう。

カウンセラーの愛甲修子さんは、友だちがいない子を過剰に心配する人は多いけれどあまり友だち作れというプレッシャーをかけるのはよくない、とおっしゃいます。過敏性が強くて友だち作れない段階があるそうです。でも友だちはゼロよりひとりでもいたほうがいいと考えられています。

はい、そうだと思います。

ひとりでも友だちがいると、人とのつきあい方の練習になるし、友だち作りの練習になります。

教師の本音に触れてみる

友だちはいたほうがいい、いないよりはいたほうがいい、というのにはもちろん賛成だし、子どもは心の友だろうが一緒にいるだけの友だろうが、刺激を受けて自分の世界を楽しいものにしていきます。それは自然な欲求として当然あります。

たしかに。

でも、発達障害の子たちが増えて不登校の芽が見え隠れする中で、タブーに触れなければならなくなってきたところがありますね。

タブーって？

先生たちに、「先生たちも本当に友だちいないといけない思ってるの？」とか、「友だちのいない子はだめな子って思ってるの？」ってきくようになりました。

そのへんどうなのですか。先生たちの本音が知りたいですね。

「本当は別に友だちいない子はいけないとか思っていないよね」という話をすると、実は多くの先生が思っていないんですよ。

わはははは。そうでしょ。

「でも学校の先生だから友だちと仲良くしましょうって言っているだけでしょ」って言ったらみんなうなずきます。

そうでしょ。学校の先生って、自分が本気にしてないこと教えなくちゃいけなくてかわいそうですよね。

でも学校教育目標に「仲良くする子」ってあるでしょ。

それって喧嘩しちゃいけないっていうだけでしょ。

そうなんです！　仲良くする子って、要するに「トラブル起こさない子」なんです。でもそれをちょっと飛躍している意味の取り方をすることが多いですね。本当は仲良くする子って、「人に害を与えるようなつきあいをしない子」「求められたら自分のできる範囲で求めに応じられる子」くらいの意味なんですけど。

でも距離感は取っていいんですよね。もめないようにすれば。

仲良くできる子っていうのは、要するに仲が悪くないっていうことです。

なるほど。

でも現実的に先生たちだって仲悪い人いるわけじゃないですか。

そりゃそうだ。

そういうことをタブー視しないで教師たちが話し合っていくと、それが現実だよね、って教師も了解していけます。そして友だちのことで泣き言がある子たちに、否定も肯定もなく、ああ、あなたはそのタイプなのね、って受け取ってあげる大人でいようと意識できると思います。それがそういう話題にはまるで触れない世界にしてしまうと、いつのまにか「みんな仲良くしようね」になってしまいます。

「みんな仲良く」を発達デコボコの子は誤解する

それを発達デコボコの子は誤解しますよね。

おまけに発達デコボコの子は、みんなの様子を見て、いつでも誰とでも仲良くしてると思ってる。

へええ。

あんた本当にそう見えるの？　って言うの。

それが社会性のなさなんですね。みんな仲良しに見えてしまうところが。

うらやましいパターンしか見えないんですよ。

へええええ。

でも質問していくと、仲悪くしている人もいるって気づくの。でもそこは魅力がない断面だからどうでもいいみたいで、仲良さそうにしているのがとにかくうらやましくて、それで自分も友だちほしいと思いつめていく子は多いです。

一方でうらやましがるほどのアンテナがない子もいます。大人にしか関心がなかったり。しかもおもしろい大人ばかりに注意が行ったり。でもまたそういう面白い子に関心を持つ子がいたりしますから、変わった子に友だちがいないとも限らないんですよね。

本当に人間関係って様々で飽きませんね。

それとか誰かが他人に言っている言葉に勝手に腹を立てて、その人が近づいてきても接点がないうちに避けてる人もいるし。他人がやられているのを見て、勝手に「やられた」って思いがちな子もいます。

友だちは選んでいい

よく言われる個に合わせたうんぬんって要するにそういう観察から始まるんですね。なんか栗林先生は会社の人事の人みたいですね。ようく見てて。

　でも先生がおっしゃるように、ひとりの先生がそういう人間模様を全部つかめないからこそ、いざトラブルが起きたときに「仲良くしなさい」の一言で済んじゃうのはわかります。そして「仲良くしなさい」にはなんとなく、友だちを選んではいけないような雰囲気があります。

だからお母さんたちに言うの。友だちって選ぶでしょ、って。二歳や三歳のときに、乱暴な子と遊ばせなかったりするでしょ。親しか介入できる人はいないんですから。それが小学生になって選ばないということはないですよ。

友だちを選ぶというのは実は大事なことなんですけど、なぜかその事実を隠すんですよね。でも義務教育のうちは、選べる範囲も限られているでしょう。基本的に選べないところに閉じ込められているんだから。自分で選んだ人間関係じゃないんだから。そこで生涯の友を見つけるなんてくじ引きに当たるようなもんですね。

買った券しか持ってないし。というか買ってない。配られた券。というか、一緒に過ごす相手を選べないと言えば、職員室もそうだけど。

わははは。先生正直ですね。

教師のメンタルヘルスはなぜ……

それでも連携取らなきゃいけないでしょ。仕事だし。お金もらってやっていることだし。と思う人はそこにいられるんですよね。子どもと違って。もっとも先生の中にも学校に来られなくなる人はいますが。

教師ってね、やったことないことをいかにも感情たっぷりに教えなきゃいけない仕事なんです。

かっちりした企業とか学校とか人間関係の濃い組織に所属している人がメンタルを病むことが多いのはそういうことじゃないですかね。学校と同じ。でも子どもと違って不登校になるわけじゃない。給料もらえないと困るから行くでしょ。

そうかもしれませんね。先生たちの本音は、教えていることとは関係ないのかもしれませんね。

学校の先生があるとき「浅見さんの言うとおり、仲良くしなくていいっていうのはほっとしますね」とおっしゃるので「そうそう。だって仲良くしろっていっても、別にクラス全員と走れメロスやらなくてもいいわけでしょ」って言ったら「いや、学校は全員と走れメロスをやってほしいと思っているんですよ」と言われてびっくりしたことがあります。でもその先生たちがそれを信じているかっていうと、そうでもなさそうで。教師は、個性を活かしてはいけない職場なのでしょうか？

自分のキャラとか得意なものを活かせなくてなんでこの仕事する？　って思います。それは専門性というくくりだけじゃなくて、ああ栗林先生らしいね、でいいと思う。たまに変なことするね、って言われてもそれが栗林先生だから、って。

そういう風に仕事している先生がいるっていうのはいいな。

いますよ。いるんだけど、世間とのバランスが大事です。出し過ぎたり「このやり方がいいの」とこだわって表に出したりしない方がいいだけ。

なるほど。

先生を嫌いな子もいるでしょ

大地君は栗林先生が大好きですが、先生は児童に嫌われたりしないんですか？　私は小学校時代、たいていの先生が嫌いだったけど。

好きな子は近づいてきてくれるかもしれないし、そうじゃない子は遠巻きに見てるでしょ。いつも遠巻きに見てる子でも、授業で困っているとき手助けするとすごくうれしそうにありがとうとか言ってくれますよ。かわいいもんです。

何か困って、人に助けてもらう体験とかをして、それで人は仲良くなるもんです。仲良くすることの良さを知るものです。これは、子ども同士も同じ。そういう体験をしないうちにむやみやたらと「仲良くしなさい」と言われてもわからないですね。

でもそのためにはやはり教師は観察しないと。たとえばある程度の学年になったら、グループ学習などにおいて、先行く子が後から来る子に「今こういうことやっているよ」と教えてあげることを先生たちは期待しているのかもしれません。でもだったら誰が先を行く子で、その子がどれくらい育っているかは教師が把握しておかなければならない。じゃないと適切なグループ分けもできないでしょう。

自分が子どものときのことを振り返って、そういう配慮がされていたと思いませんが。

昔はまだ、平均的に学年相応に育っていたんだと思います。今はそうではない。だから今の方がグループ学習に配慮がいるでしょう。

いじめを紐解いて解決していく

要するに「仲良くしなさい」って、美しい。美しいけどそれじゃあ解決しないんですよ。それをあまりに言い過ぎるから、いじめが起きたりする。

そう。だからきちんと確認していったら、本当の原因を突き止めていったら、全然違うストーリーだと思うんですよ。いじめてるいじめられてるの関係だってもしかしたら反対だし。本当にいじめなのか、っていう話にもなるし。

たとえばネガティブにものを考える子とかいますよね。細かいこと気になったり、自分はルールを守れるからこそ守らない子を許せなかったりとか、いろいろな子がいますね。そういう子って実は周囲からは「なんか細かいことちくちく言う」とか思われていたりしますね。でも本人は「どうしてあの子たちいつも規則守らないのかしら」と思ってる。でも思っても言わない。言うと相手を傷つけるとかいうと雰囲気壊すってわかってるからね。でもそういう子って、学校に来たくなくなっちゃったりするんですよね。

なるほど。

どうせいやなことあるんだから行きたくない、って言うんです。でもお母さんは行きなさいっていうでしょ。学校の玄関の前に来るとわーっと泣いたりして、そのときに初めて相談受けたりするんですよね。そして聞いてみると発達障害じゃないけどそういう因子持ってるなあとか思ったりすることもあります。ものの感じ方すごくネガティブだったりね。各学年に十人やそこらはいます、そういうネガティブに受け止めるタイプの子が。

そこで私はお母さんと、どうしたらポジティブになれるかの話をするんですけど、お母さんとどんなに話したところで本人には関係ないですよね。だから、交換日記をしたりします。そして、口に出して言いたくないことは言わないでいいよ、と言います。教室の雰囲気を壊したくないから言わないこともあるんだしね。自分が黙っていることで何か役に立っているという価値観を持っているんだからね。

なるほど。その価値観は自分をがんじがらめにしているかもしれないけど、でもいい目的のためですよね。

そう。だから言わなくていい。でも書きなよ、って言うんです。誰にも見せるものでもないんだから。「〇〇さん死ね」って思ったことあるっていうから、口に出したらいい言葉じゃないけど、書きなよ、って言うんです。すごくすっきりするなら、一ページ使って大きく「死ね」って二文字書けばいいじゃない、って。すっきりするから。

それが最初は全然書けなかったんです。米粒みたいな字でしか書けなかったんです。でもだんだんそれが書けるようになって。昨日なんとかちゃんにこんなこと言われて、あんなやつ死んじまえ！　とか。そしてついには質問が来るようになったんです。「こうこうだったんだけど、あの人になんとかって言い返していいの先生？」とか。そうやって本当はやりたいんだけどやっていいかどうかわからないことの保障がほしかったみたいですね。で、いいよ言ってみなよ一回、実験！　って。まあ他の先生に聞かれたら注意されるかもしれないけどそれ覚悟でさ、って。そして言ったら「ごめん」って言われた、とか。あるいは「えー」って顔されて固まってたとか。

そこまで来るまでに時間がかかるのね。ノート書いたりとか。引き出してあげないといけなかったのね。

大地もそうだけど、自分の価値観だけで判断して、自分の中でフィードバックして、周囲からどう見えているかとか相手はどう思っているかとか本当は確かめていないんですよ。コミュニケーションのたどたどしい子、あるいは幼い子、ハウツーとして持ってない子はそのあたりを手伝ってあげます。

ああ、自分の中だけで、「自分の価値観だけで判断してフィードバック」って上手な表現ですね。

私は自他の区別のつかない人たちだな、とはよく思います。頭の中がみんな同じじゃないということを言って聞かせないとわかってないというか。藤家さんとかニキさんレベルでさえそうです。もちろんだんだん学習していくけれども。以前はよくニキさんに「今私、何考えてましたっけ？」とかきかれました。こっちにわかりっこないんですけど。

考えてみたらコミュニケーションって、自分だったらこう言われたらこう言い返すけどあの人ならこうかも、とか推測しながら情報を投げかけていく営みですね。自分だったらどう反応するかと相手の反応は違うことが多い。でもそういうところがなくて、自分と同じ反応をされないとびっくりする、っていうことは発達デコボコの人にあるかもしれませんね。そして思ったような反応をされないと被害的に取ってしまうことはあるかもしれませんね。

いじめを放置はしないけれども、いじめの報告があったときに、それいじめかな？とは考えます。

そうか。それは放置とは違いますね。必要な疑問ですね。

今の世の中の理論として、「どっちかがいやな思いをしたらいじめ」にしてしまうでしょう。

それもわからないわけではないけど、百パーセント当てはめてしまうと、いじめた子も不幸だし、いじめられた子も本当の意味で人間関係がどういうことかわからないだろうと思います。だからといってその人を強くしてくれるフォローアップもないし、守ってもらえない。いじめだね、ってはんこ押されるだけでしょう。

私のやり方としては、せめてその子とふたりで要素を分析していきます。狭く見ているのなら広げて見るとか。そうやって分析すると、なんだ？　っていうことたくさんありますよ。それに、心の声を外に出すと伝わりますからね。そうすると潮目が変わることもあります。

「死ね」って書いていいという先生があまりいないでしょう。

人の悪口言ってはいけないとか真顔で言う人いますよね。そんなことないだろ、って私なんかは思っていますが。人の悪口をとがめる人に限って、逆に言葉の強い人に対して他罰的になったり。

私は攻撃はしないけど毒舌だと思います。

でしょうね。

というかこの人にはこれくらい強い言葉で言わないと伝わらないなと思ったりしたらはっきり言います。

それが教育には必要だと思うのです。

職員室でだってＰＴＡでだってトラブルはあります。ただ、大人は距離を取れます。なのに、「こうやったら仲良くできるのでは」と大人が想像でアドバイスすると子どもは混乱します。だから一緒に分析します。

字や文が書ける子だったら、自分の思っていることをとにかくこまめにこまめに書き出させておくことはいいことです。振り返る気がなかったら読まないだろうけど、振り返りたいときに読める材料になりますよね。自分の脳を通過した考えとか気持ちとかを、目に見えるかたちに留めておくという習慣を身につけさせると、たとえ短期間でも、昨日こう考えてたなあとか、先週も同じようなトラブルあったなあとか、確実に自分がわかってくるんですよね。それでわかってくると、「人間って、生きてるといいことあるね」とか言うの。

わはははは。小学生？　幼いと思うと、妙に老成したようなこと言うこともありますよね。大地君もそう。

言葉の使い方が子どもらしくないこと言うことあります。でもそれって実感なんでしょうね。あと「なんとか君はいっつもいやなやつなんだけど親切もできるんだ」とか。

わっはっは。

ところで、そういう心のうちをぶちまけたノートを託す相手は親じゃないんですかね。

子どもの発達には「他人の大人」が必要

親は言葉だけで対応できないですね。どうしても感情を拾ってしまうんです。なんでなんだろう、とか悩んだり。親には限界があるのは、知っている人がカウンセリングできないのと一緒だと思います。

だからお母さんには、一緒にノート見ていいし、ああ先生こういう風に言っているね、とかは言ってもらってもかまわないと言っています。苦しみや感動は共有してもいい。でもどうしたらいいんだろうこうしたらいいんだろうっていうのには返事しなくていいから、と言ったんです。もう四年生なんだし。一、二年生だったらやってあげていいと思うけど。男の子でも女の子でも十歳を境に、家族以外の人と自分の気持ちについて語り合うということをしていかないと、それこそ正常な成長段階を迎えられないと思います。

学校にそういうノートを読んでくれる先生がひとりいるだけでいじめられっ子の気持ちは収まりますね。収まるというか表出ができるようになる。

今はいっぱいそういう子がいて、休み時間にやってきて、仕事する時間がなかったりするんですけど、でもほんの一瞬でいいんですよ。「どうした？」「気にするな」それだけでもいいんです。いや、本当は気にするなというだけでは気にしてるんだけど、ほんの一言核心を突くようなことを言えばいいんです。「それはたいしたことではない」とか。

うんうん。それは言ってもらったらほっとするかも。

三回続いたらもう一回言いにおいでとか。

わはは。

それからその問題は、担任の先生に今言わないとだめだ、とか。

ふむふむ。

あるいは、本人に言い返してこいとか。

ほほお。

私の言ってたことが、必ず的を射たアドバイスであるという保障はないんです。保障はないんだけど、本人が本当はどうしたいのか拾える人がいるといいですね。ゴーサインを出す、青信号を出してあげる人がいるといいんですね。そういう子たちはいつも黄色信号を見ているんだと思うんです。

いつも黄色信号か。なるほど。大人でもいるなあ、そういう生き方の人。

要注意要注意、やっていいのかな、と探っていると思うんです。で、自分で判断つかないのに要注意だから、すごくストレスたまると思うんです。

ですよね〜。

だから、いいからやって、って。でもやって結果が悪かったとしても「そうかあ、ダメだったかそのやり方」って。

わははは。でもそうですよね。ダメでも致命的ではないということを知るのもネガティブに考えなくなるこつだと思います。

でもそうしたら何がダメだったか言ってあげられるじゃないですか。なんて言ったの？　とか、どういう行動を取ったの？　ってきいて。「いやあ、それなら先生でも蹴るかもしれないな」とか。その行動の解説をしてあげるといいですね。

というのはね、子どもの世界では、見ただけでわかりやすいモデルになるお手本みたいな子なんてそうそういないんですよね。大人だともっとお手本というか、師匠探しはできると思うんですけど。

でも意外と自閉っ子って、師匠探求の気持ちが強い人たちですよね。そして今度はむなしく探し続けたり。そんな師匠いないよ、っていうのに。あるいはぴったり誰かのまねをするとか。

けれどもそこで、本当の自分の本音をきちんと自覚できるかできないかの差は、すごく成長の差として出てきます。

だから栗林先生はそういう風に被害的にとらえる子には本当の自分の気持ちを知る手助けをしてあげるわけですね。

お母さんと本人にはそうです。お母さんはだって、いじめてる側に警察官みたいに制裁を加えたくないでしょう。加害側への働きかけは、きっぱりと学校の責任です。でも本人にも強くなってほしいし、自分の力で乗り越えられるのならそれにこしたことはないし、小学生くらいのたわいのないいじめだったら乗り越えられてもいいはずだから。

計画的な陰険ないじめは、めったにありません。もしあったらそれは学校が対応すべき問題です。そして見えるいじめなら対応できます。見えないいじめもありますけどね。たとえば、仲良しグループに見える中でいじめられている子がいます。そういう状態に置かれている発達障害の子もいますね。スポーツ少年団とか習い事とか、そういう特定の場所に特定の人が集まる場所でいじめは起こります。スポーツ少年団なんてフェアプレイの人が集まっているのかと思うから本来はいじめなんてなさそうだけど意外とあります。

そうです。運動部っていじめあるし。

親同士の力関係も崩したくないから言えないとか。子どもってわかりますから。うちの親強いんだなとか。

そういう世慣れた小学生がいるんですね。

唐突に「先生俺の父親社長だって知ってる？」とか言い出す子もいます。何を言うのかと思うけど、たぶんそうやって自分を持たせているんだと思います。それが自分の武器だと思っているんです。本当は子どもがそんなこと言い出したからってどれくらい影響力あるのかわからないまま、事実として言っているんでしょう。

そういうこと言い出すくらいですから、本人には本当の自分の自信はないと思います。加害者側の子たちのつらさとは言わないけど、仲間だという実感のない仲間と一緒にいなければいけないつらさ、一緒にいじめていないといつ自分がターゲットになるかわからない。綱渡りしている。役柄はいつでも交代ありだよな、みたいな気持ちはもっているのだと思います。

いじめている側にはどう働きかけるか

じゃあ加害側にはどういう働きかけをしているのですか？

働きかけなければいけないのは、いじめている子の行動じゃなくて気持ちですよね。

あ、気持ちなのか。

自分が持っている不安だったりつらさだったりは、本人も意識していないと思います。それが暴力とか暴言につながっているとは意識していなくて生理的にやっていると思います。言ってしまったらすっきりするし。反発もこないから。

でも先生方は「それはダメなもの」として対応してしまうんです、もちろん。

一律にね。

そう。そして事情は読まない。よっぽどひどいことを繰り返してやらない限り、おうちの人に「おたくはどういう状況なんですか今?」とはきかない。子どもの指導、親への報告で終わるでしょう。

でもよくよく聞いてみるとその子自身の経済的な背景だとか、親との愛着の関係だとか、あるいは放課後の過ごし方とか、実は誰もその子にかかわっていなくて少年団のときだけ人と一緒になるとか、根本的な解決へのヒントは別にあることが多いです。だから本当にいじめになる前に、本来なら、毎日自分の教室にいるわけだから、察知できればいいんですけどね。でもそれを察知するのは経験なのかセンスなのか。

たとえセンスがなくたって、努力くらいできるでしょう。なのになんであんなにいじめに気づかないとか、いじめを放置した結果の悲劇が起きるんでしょうか。栗林先生はその点放置しないから、ああ特別支援教育が上手な先生はやっぱりいじめにも死んだふりしないんだと思って今回ご登場いただいたわけですが。先生たち、一部かもしれないけど、解決しないで無視するのはなんでなんだろう。

解決しないとやっていけないと思うんですよ、本来。たとえば学級経営って、「教室はいると楽しい場所にしたい」とどの先生も本当は理想としていると思うんだけど。でもそこにちょっと波が立っちゃったときに、どこを押さえたらどうなるということが、その中にいてしまうとわからないこともあるかなと思います。もちろんさらっときいてみても、「うち大丈夫ですよ」っていう人もいるし。

隠蔽する学校もあるとか。いじめゼロとかを何年間続けて表彰されているような学校は、スクールカウンセラーにもいじめを知らせないとか。スクールカウンセラーが教室に現れるだけで先生が嫌な顔するとか。

わかります。

どっち向いて仕事してるのかと思いますよね。そういう話聞くと。

それは担任の先生のレベルでそういうこともあるし、管理職のレベルでそういうこともあります。

校内で問題が解決できればそれはそれが一番いいんですよ。

でも起きている出来事を少なくとも当事者のいる教室の人はみんな知っていることが必要だと思います。

子どもの中でも教室の中でいじめが起きているのを知らないことってあるんですよ。

ありそう。

それでいいのかな？　だから治まらないんじゃないのかな、って傍から見たら思うんですよ。

なになにちゃんがなになにちゃんに毎日いやなこと言われて泣いてるの知らないの？　って言うとそうだったの？　っていうことって案外あるんですよ。子どもってめそめそするものだっていう思いが子どもにも先生にもあるし。そう思うのはいいけど確かめろ、っていう話です。ただたんに確かめるということをするかしないかの問題だと思います。わーいと喜んでいる子がいたらやっぱりなんで喜んでるのか確かめた方がいいですね。

被害者、加害者、両方に働きかける理由

栗林先生のやり方としては被害者と加害者、両方に働きかけているんですね。

じゃないとなるべく短い期間で何かしらの変化を求めるのは無理でしょ。一方だけに変化を求めても成り立たないと思います。

なるほど。両方への働きかけの方が解決までの時間を短縮できるんだ。基本は両方から気持ちを聞き出すということですね。

幼ければ幼いほど話し合わせてみるといいと思うし、もめる場面もあるけど素直にかかわれる場面も実際あるんだし。一、二年生なんかとくにそう。

どうして学年上がると効果薄れるんですか?　こんがらがっちゃうの?

いや、いじめの目的のレベルじゃないかな。あ、そのペンかっこいいね、っていってとりあげて書いちゃうとか、そういうレベルのトラブルもあるから。

そういうトラブルならまだ話し合えばなんとかなるということですか。

要するに本当に基本的な対人関係の部分を知らないで起こるいじめかどうかですよね。だったらルールを知ればいいだけですから。わざといやな思いさせてやろうという行為は、それは年齢上がってからです。

そうか。

それは一方的なうらみつらみかもしれないし、仕返しかもしれないし。自分の世界だけの判断でやってしまうわけですね。でもそこを交通整理してくれる人がいて、「あんた今一時停止しなきゃいけなかったのにしなかったんだからぶつかったのはあんたも悪いんでしょ」みたいなそういう話をしてくれる人がいるだけで年齢によっては収まります。

障害がある子同士のトラブル

障害のあるお子さん同士はどうですか？　どういうトラブルがあって、どう解決していますか？

いじめということですか？

いじめの問題もあるし、どういう友情を育みますか？

重度とはいえないけど、たとえば遅れのある子同士のトラブルの場合とかは、寅さんタイプの子とかいたりするんですよね。

寅さん？

たとえばA君が困っていたとして、B君はA君を気前よく助ける。でもA君が気に入らないとき、B君はかまわず殴る、みたいな。

わははは。

だから別にいじめじゃないんですよ。

ああそうか。彼なりのかかわり、俺ルールなのね。

だから殴ったあとに「遊ぼう！」って無邪気に声かけたりするんですけど、殴られた方にしてみると、わだかまりが残っていて、なんで俺が遊ぶと思ってるのよ、みたいな風に思ってしまっているわけです。でも殴った方から見ると、それはすでに過去の話です。そういうすれ違いはたくさんあります。

でも十歳過ぎるとそれぞれプライドができてくるので、いじめっ子と思われる理不尽さも感じるし、だってあいつが気に入らないことやるから殴っただけじゃんとか言います。要するに自分なりにルールがあって、感情のコントロール効かないからやっているだけで、特定の子にだけやっているわけじゃないんです。でも殴られる方にしたら、「俺」がやられた、となります。

そうですよね。

たとえば人の気持ちなんかは、殴る子の方がわかっていることがあります。国語の教材で気持ちを読み取るなんていうのはできたりするんです。字になってない気持ちとか。ところが実は殴られている方はそのあたりわかんなかったりする。

人の気持ちがわからないと、殴ってくる相手に悪意があまりないこともわからないですよね。

喧嘩はしてもいい。いじめはだめ

そうなると、もう喧嘩になってないんです。殴られる方にとってはいじめです。でも殴ってる方から見ると喧嘩であって、いじめではないんです。友だちと喧嘩しているだけ。

なるほど。

だから喧嘩するな喧嘩するなってみんな言うんですけど、喧嘩はしていいんですよ。怪我させなければ。した方がいいんですよ。コミュニケーションの練習なんだから。でもこういう場合、かたや喧嘩なんだけど、片方にしてみるとただの被害、いじめなんですよ。喧嘩って双方の強い弱いがあっても感情がぶつかっていて喧嘩なんですよ。殴られたら痛いとか。だからそこで「あんただって殴られたら痛いでしょ」っていう説教が成り立つけど、片方喧嘩で片方喧嘩じゃなかったら成り立たないんですよ。

じゃあ先生はそれを観察して交通整理するわけですね。そういう解決をするわけですね。

そう。だから時間を置かせたりします。喧嘩した同士でも、一緒にいたいんですよ。でも三日間遊ぶのやめな、とか言うの。そうすると遊びたくてうずうずするの。

わはは。かわいい。

だから喧嘩をいじめに仕立て上げないことが大事なんです。喧嘩はコミュニケーションなんだから。中学生とか高学年の子が裏工作していじめるのとは違いますね。発達障害の子のコミュニケーションの技術のなさや感情の発達の遅れのやったやられたは、それとは異質です。

軽度の子が重度の子をいじめたら

よく特別支援教育の現場で聞くトラブルとして、軽度の子が重度の子をいじめるというのがありますが、それはどうですか。

ああ、その問題ね。
まず、大前提としては、学級運営として繰り返しは許されないということですね。だから、本人たちの判断力で解決できないのなら、物理的に離すこと。これにつきます。

そりゃそうだ。

でもね、余計なこと言う人も中にはいます。「いじめている子がいじめちゃいけないという学びの場をなくす」とか、「いじめられてる子が世の中の厳しさを学ぶ場が減る」とか。でもそれはいじめが起きているという現実の前で、ナンセンスな考え方だと思いますね。

先生のおっしゃる通りです。でもそういう観念的なつまんないこと言う人がいるのも現実ですね。

喧嘩するのなら、対等の子を選んで喧嘩すればいいんです。反抗してこないからやり続けていいなんていうはずはありません。やったりやられたりが喧嘩なんです。そうじゃないと喧嘩からは何も学べません。軽度の子は軽度の子にふさわしい相手を選べばいいんです。
保護者の了解もいるけど、喧嘩の背後にどういう欲求があるのか、探ることもあります。いじめると楽しいのか、いじめてもすっきりしないのか。じゃあどうすればすっきりするのか。きちんと掘り下げてあげないと。じゃないと軽度の子の解決にはなりません。

人工的に不登校やいじめを作らない

解決、という言葉が出たところで不登校の話したいんですけど。先生不登校はさせませんよね、基本的に。

私もカウンセリングとかピア・サポートの勉強してきましたけど、不登校への対応をどうすればいいかは、年齢がかなり関係あると思います。喧嘩と同じで、本当に不登校なのか、ただ来たくないだけなのか見極める必要があります。

なるほど。

一、二年生の子たちなら来たくない理由が幼いし、自分でもさぼりだとは気づいていないこともあります。学校に来るよりももっと楽しいことがある、っていうだけの理由だったり、行った方がいい理由があると気づいていなかったり。そうしたらそれに気づかせてあげるだけでも登校できるようになることがあります。

でもネガティブ志向になっていく子たちって、何かされるとすぐに否定される関係、否定されたと思うような関係になってしまっていることがあります。うまくいっていないと思われたとか変に思われたとかかっこ悪いと思われたとか、勝手にネガティブに周りの反応を解釈してしまう子って中にはいるんです。だからそういう子にはこちらから「あんたの今やってるの○○君と同じくらいできてますよ」と投げかけてあげるんです。標準化してあげるの。

客観的な評価を見せてあげるのね。

そうそう。そうすることで立ち直って行く子もいるんですよ。

カウンセリングの学習会なんて行くといろいろな方法が学べますよね。アスペルガーっていうより高機能自閉症タイプの、あまり言葉が流ちょうじゃないけど言葉はしゃべれるという子の中にときどき数字にすごく強い子がいます。そういう子には感情の度合いの目盛りを作ってあげるといいですね。そのときそのときの気持ちを、目盛りがあってどのへんなのか、と示してもらってもいい。あんたの今日のいやな気持ち十段階で言うとどれくらい？　ってきくと「十なんかじゃありません。今日は二十三です！」とかいうときもあって。ああそう、二十三もいやだったの、なんていうこともあるんだけど、そうやってずっとやっていくと「気分の悪さはマイナス三十」って日もあるんです。「今日は超ラッキーだね」っていうと「そうなんですよ」って嬉しそうに言ったり。
そして数字で書き表していったときに、最初のころは気分がとても数値的にも揺れ動いていたのに、だんだんある一定の範囲に収まるようになっていって、なんでだろうね、なんていう話し合いにつながったり。そうすると自分の感じ方の変化に気づいて、目盛り作り直してみる、とか言ったり。

へえ。

だからタイプによるんですけど、やっぱり自分を分析できる力とか方法がないと、人間関係や集団適応の問題が解決できないっていうのはありますね。

さっきいじめに仕立て上げちゃいけないっておっしゃいましたけど、不登校もそうですね。本当は不登校とまで行っていないものを、周囲が不登校に仕立ててあげてはいけませんね。

そうですそうです。

たんなるサボりに被害的な学校での体験談とかがくっつくと、不登校に仕立て上げちゃうかもですね、周囲が。

そうそう。無理させちゃいけないっていうのは、それは本当にそのとおりだと思うんですけど、本当に本当に無理かっていうのは誰も判断できませんよね。でも少なくとも低学年のうちに、ちょっと応援してあげたり、ちょっと共感してあげると気持ちが変わる程度だったら、そういう方向に働きかければいいですよね。

でも十歳過ぎたり、高校生になって初めて不登校とか、高校卒業して家から出られなくなったとかいう人は、やっぱり精神疾患のレベルかもしれません。行動的に病的な様子が見られたらお医者さんとの連携が必要ですし。そうなるまえに、なるべく小学生のうちに、なんとかしておきたいですね。

先生は低学年のうちになんとかしようとしていらっしゃるんですよね。

ある程度大きくなってから崩れる人たちを見ているものでね。小学校にいたときにはそんな風じゃなかったのに卒業後変わって相談に来ることがあって、話よく聞いていくと小学校のときから要素はあったんだ、っていうのも多いんですよ。
最初の一回はいじめじゃないはずなんだけど、ちょっとしたいたずらに気がつかないがゆえに、どんどん周囲がワルノリしていって、それが後からいじめだってわかったときにがたっと崩れるとか。

あああ、ニキさんも「パンを増やせる私は神様」っていうエピソードがあったしなあ。クラスメイトがいたずらでパンを彼女に押しつけて机に置いていたんですけど、自分が不思議な力で増やせるって信じていたんですよね。

親もいじめを目撃していて、それでも同じように気づいていなかったり。そして、ひとりの先生がすべてのことに気づくのは無理です。コーディネーターが機能しないと。

子どもたちは大勢いるし、その心の動きも価値観も多岐にわたっていますもんね。学校に辛口の私でも、さすがにそれをすべてひとりの先生に求めるのは酷だと覆います。ところで、コーディネーターが機能するって？

特別支援教育コーディネーターって何者？

私が思うコーディネーターは、少なくとも人と人を結んでいく役目だと思うので、子どもの支援を必要とするときに、その子どもとかかわる全ての人とかかわるくらいのイメージは持っています。コーディネーターは専門性を持っているに越したことはありませんが、そんなことよりも、子どもの生活状況をいかに掌握できるかで、できる役割が変わると思います。

そしてコーディネーターは一過性のかかわりでなく、その子が生涯どう生きていくのかイメージも持つ必要があると思っています。ですからたとえ一時無関係の状態があったとしても、再度かかわることも想定した自分の役割イメージを持たなければいけないと考えます。

直接自分がかかわらない時期も含めた、関係者間の連携を作り上げる作業が重要です。

学校を離れても、たとえば親子関係は続きますし。その親子関係が良いものになるといいですね。

そう。コーディネーターは主体者ではありません。主体は子どもを取り巻く人間模様です。子どもや保護者を説得するのではなく、自ら悟らせるための状況作りを考える能力が必要だと思います。

難しそう。できたら最高でしょうが。


もちろん自ら悟るレベルも人それぞれですから、正解はないでしょうね。

周囲の人にとっての正解と、本人にとっての正解があまりにもかけ離れないことが、当事者を中心とした自己肯定感のあるコミュニティの成立につながるのではないかと思います。

こういうことを考えながらコーディネーターをしていますが、このことが一般的かどうかはわかりません。私はカウンセリング、コーチング、コンサルテーション、ミディエーションなど、目的によって色々なアプローチを試みます。

そうやってやってみる中で、何をコーディネートすべきかが見えてくるのだと思います。このあたりになってくると、人と人とを結び付けていく役目だけでなく、専門性と専門性を融合させていく作業だなと思います。

そして結局は、「状況作り」というシンプルな表現がコーディネーターのすべての業務を言い表しているのではないかと思います。

ということは、専門性というか、いろいろな手法を少しずつでも知っておくことってやっぱり大事だということなんでしょうかねえ。それをひとりの先生に求めるのが、どれだけ現実的なのかなという疑問は残りますが。

保護者が制度に対してできること

でも、特別支援教育は確実に進歩はしてますよね。もちろん、保護者や当事者から見ると、至らない点もあるだろうし、ゆっくりすぎる進歩なのかもしれないけど。

ただ気になるのは、障害の診断を下す子をどんどん増やして支援級や支援校に送り込むことで、その子の人生という観点から見て、「縮小再生産」になってる面とかないかな、っていうことですね。

私はね、『発達障害は治りますか？』を作るとき、著者の神田橋條治先生に患者さんを増やさないってお約束したのに、結果的に言うとあの本を読んで神田橋先生の外来に行く人は増えてしまったみたいです。でも先生はどんどん治療されて、皆さんどんどん健康になられているので、結果オーライだと開き直ってはいますが。

外来に行かれた方から、診察の様子をうかがうことも多いのですが、神田橋先生は障害者として生きていく人を減らす方向のお仕事をされているといつも感じます。

でも支援の世界は必ずしもそうではありません。「ちょっと変わっているけどもしかしたら健常の世界でやっていけるような人」にも、どんどん支援を与えて、一生支援が必要だと言って、制度を国に要求して、結果としてはどんどん障害者を増やすのが支援ギョーカイの方針なのか？　と思ってしまうことがあります。まあそれも必ずしもそうじゃないだろうし、現に中田大地君は「将来自分でご飯を食べていける子」になるために支援級で修行しているわけですが。


特別支援教育の登場により、通常の先生もこんな手のかかる子だったら自分の専門外、専門家にまかせたほうがいいだろうという判断をするのだと思います。今後若い先生たちが大学で学んだ結果がどうなるでしょうね。特別支援が特別支援の人だけの仕事じゃないんだよ、とわかってもらいたいですね。

それでも少しずつ前に進んでいることはたしかでしょう。理想が上がっていくから追いかけっこなんだけど二十年前と比べて停滞しているかっていうと決してそうじゃない。

ですよね。私がかかわるようになった二〇〇〇年あたりから見ても、隔世の感があるほど進歩しています。

でしょう？　だからね、最近保護者に言うのは、「要望はいいけど実現できるかどうか考えてね」っていうことです。「できそうになくて言うの意地悪だから」って。

わはは。先生はっきりおっしゃいますね。

だってお母さんや地域ができることがあるでしょう。子育てサークルやったり。そういう非公式で非営利的なもの、お母さんたちだってできるじゃないですか。そして今は忙しくて参加できない人も、地域でそういうことをやっていることを知っているのが大事ですよ。先生たちも誘えばいいんです。意外と来ますよ。私も参加しているし。

私は親御さんがやっているサークルにも参加するけど、それだけじゃなくて、月一回勝手に決めて会持ってます。地域の教員、職員、福祉施設の人、いろいろ、知っている限り声かけますよ。そしてまたそこから声をかけてもらうんです。そうするとそれなりに会になりますよ。参加者が多いときも少ないときもあるけど。なんだかんだ関心ある人はいるんですよね。その人たちだけでも動けばいいんです。逆に、誰も動かなかったら終わりです。

動ける人は動けばいい、なるほど。動けない人がまあ、問題なのでしょうけど。でも誰も動かなくなったら終わりなわけですね。

健常児による障害理解をどこまで求めるか？

ところで、障害があるお子さんを仲間の健常なお子さんたちに理解してもらうって、どこまでやればいいんですか？　大人の世界でも、理解する人としない人がいるでしょう。全員が理解するのは無理だから、せめて理解できない人には邪魔してもらいたくないとか私は思うんですけど、学校という場ではどうなんでしょうか？　健常のお子さんに、どこまで理解を期待していいんでしょうか？　そして先生たちは、友だちに障害があるということを他の子どもたちにどう理解を促しているのでしょうか？

大地君とかも、例外を認めてもらわなきゃいけないという機会が多くて、それを一生懸命文章にしています。それを読むと私、涙が出てきてしまうんですよ。ここまで頼み込まなきゃいけないのかな、って。

頼まないといけない世界は変でしょ。

そう思います。

障害がない子、ないことになっている子に対して、学校という場は別に手取足取り支援しなくていい場ですよね。そして特別な支援を受けている子に、別に目くじら立てなければいいだけの話ですよね。なんか事情があるんだろう、と思えればいい。大人になって世の中に出たときに何か事情がある人はいっぱいいるでしょう。そのときこちらに迷惑がかかってこない限り突っ込まないようにするのが人権教育だと私は思っているんですけど。

例外に対する許容力は、社会で生きていく上で健常の子にも必要です。そして学校では、障害のある子に、例外を認めなければいけない場面はあります。そして例外を例外と認める権利は学校では先生だけにあるんです。

ああああそうだ。

あなたたちにはその権利はありません、ていうのが学校なんです。でもひとりひとりの中には基準として、それは例外として認められるな、と思うことと、いや、認められない、っていうことがあると思うんですよ。それでいいと思うんです。認める人もいていいし認められない人もいていい。認めなきゃいけないとか、認めちゃいけないという話ではないでしょう。

ただ中には別になんの基準も持ってない子もいて、その子にとっては誰かが作ったルールに準拠することになるだろうから、そのためには先生が作ったルールは必要でしょう。自分で決められないなら担任に相談すればいいし。

学校でわざわざ認めてもらわなければいけない例外って、社会に出たら別に許可取らなくていいようなものが多いでしょう。視覚過敏で雪道まぶしいからゴーグル必要だとか、筆記用具何使うかとか。実際の社会ではトップが許可したら別に他の人の許可を得る必要はないわけです。たまに変わった人がいて「おもしろくないなあ」と思っていても、事情があるんだろうと黙ってるでしょ。そして仕事場では最大の価値基準は効率だから。効率がよければ例外は認められるでしょ。学校の方がかえって、集団主義でそのあたり面倒くさいですよね。だから健常児への教育としては「理解してくれ」っていうより「なんか事情があるよ

うな人に対しては突っ込まないで例外に目くじら立てない」っていうあたりを教えてあげてほしいなと思います。

着るかもしれない服は買わない

例外への対応は、教師も苦手なんです。そういう人種が教師になっていると思っていると無難ですね。

ああそうか。

それが最初から言っている「専門性」にもつながってきます。教師が専門性をつけようと熱心に勉強して、たとえば何かテクニカルな教育方法を取り入れる。効果が出る。でもついていけない子も出るでしょ。そうするとその子への対応まで考えていなくてあわてるんですよ。

なんか、魔法のように誰にでも効く一つの方法を追い求めるのがお好きですよね、先生たち。「特別支援教育のためのユニバーサルデザイン」みたいなことをまじめに語っているしそういう本も堂々と出ています。形容矛盾だと思うんですけど。

人間の種類として、決まったことを守るのがいいと思っている人が学校の先生をやっているんです。

そうなのか。だから正解があると思うのか。まあお母さんにもそういうタイプの方がいらっしゃいますけど。でも、一方で教師ってテクニックがやっぱり必要でしょ。栗林先生もテクニックいっぱい持っていらっしゃるじゃないですか。ＴＥＡＣＣＨとかＡＢＡとか感覚統合、ムーブメント、それに様々なカウンセリングの手法、広くお勉強されていると思いますが。

テクニックを習っても、役に立たなければどうしようもないでしょ。役に立たないテクニック習いに行くくらいならその時間、子どもたちに役に立つテクニックを学ぶことに当てたいです。でもその順番を逆にする人がいるのね。

ああ、最初になんとか療法を習って全員にそれをやってみる人ですね。多いですね。

私の勉強の仕方って偏りあると思うけど、めぐりあった子どもたちに必要なことを学びたいんです。

なるほど。そして先生はベテランだから、たくさんの、いろいろな問題を抱えたお子さんたちと出会ってきて、その人たちの問題を解決できるお勉強を重ねているうちに、いろいろなことが身についてしまったというわけですね。

　でもうちの著者の先生たち（神田橋條治氏、長沼睦雄氏、愛甲修子氏、岩永竜一郎氏など）皆さんそういう感じですよ。ああ、だから治すのか。

そう。着るかもしれない服は買わないの。

わははは！　なるほど。

世の中知らない若いうちは、ああこういう服持っていたらいいのかな、とか思うじゃないですか。買っておこうと思う靴とか服とか多いと思うんですね。

ああ、「一応買っておこう」っていう人多いですね。

でも結局袖通さなかったりね。

そうやって学習して、だんだん無駄な買い物減りますね。

そういう経験をきちんとしていけば、必要なものが残ります。でもなんか違うでしょ今のやり方。

今回、こういう風に話をさせていただいて、栗林先生と花風社の著者の他の先生たちが結びつきました。最初に方法ありき、じゃないんですね。「目の前のこの人をなんとかしたい」という気持ちから行動に結びついているんですね。

児童と教師、それぞれの家庭の文化

着るかもしれない服を買うといえば、ＡＳＤ（自閉症スペクトラム）の人もそうですね。何か起きる前にどうしたらいいかなどうしたらいいかなって悩むでしょ。なってから考えたらいいでしょって思います。

脳みその無駄遣いよくしていますよね。私もよく言います。

足りないかもしれないからどうしよう、っていうのはなってから考えたらいいと思うよ、っていうんだけどすごい納得してくれないの。すごい恐怖感なんだなあと。

何が怖いんでしょうね。

本当に。何が怖いのか、それを考えてあげないとなと思います。起こるかもしれないことへの不安じゃなくて、起こるかもしれないと思った原因への対応を考えてあげないといけないと思います。何を原因としてこの人そういう風に考えるように至ったか、と。

なるほど。そうですね。私もＡＳＤの人たちの過剰な心配ぶりを見て、そのエネルギー他に回せばとか思います。

だからたった一回いじめられただけでも、またいじめられるかもしれないと思って学校に来たくなくなる子がいます。親も一緒になって不安がる。でも家庭での不安を払拭してあげないと、学校がいくら準備を整えても来られない。家の文化も大きいです。

先生の立場だと家の文化ってわかるでしょうね。

先生にもそれぞれ文化があって、先生になる以前に家庭の中でどういうトレーニングを積んでいるかが大きいですね。どういう両親を見て育ったかとか。でもそういうことを言ってはいけない時代にもなってきて。

そうですね。ただ先生とかかわる立場としてはそういうこと考えておいたほうがいいかもとは思いますが。

友だち作ろう作戦はいらない

たとえば周囲の人とうまくやっていくために八方美人的な動きをしても、それはそれでいいんじゃないかな、と。それも知恵でしょう。

どっちみち学校の関係なんていつか終わるし。

本当にそう。よく言うんです。小学校と中学校って六年とか三年しかないんだよ、って。

大人から見ると本当に短い時間ですよね。

友だちは大事。学校は大事。じゃあなんでかってよく考えてみたら、「いろいろな人を見るいい機会だ」っていうだけですよね。

そういうことですね。

先生にしろ友だちにしろ、いろいろな人を見る機会。家にいたら見られないからね。

なるほど。

そして後々仲良くなる友だちと、最初から仲いいとも限らないでしょ。友情が育まれる最初の発端って偶然ですよね。

恋もそうだけど。

友だち作ろう作戦はいらないんですよ。友だちは作るんじゃなくてできるものでしょ。藤家さんの文章を読んでもそう思うけど。

藤家さんも過去は苦労したかもしれないけれど、時間がかかってものすごく普通の結論にたどりついていますね。

今の子の未成年の姿を見ていて、なんで価値を判断しようと思うんだろうと思います。たとえ今は友だちできなくても、一生できないわけじゃないですからね。

学校にいる間って、いろいろな人が世の中にはいるんだなあと勉強して、それなりにつきあい方を学んでおく期間なんですね。外に出ればもっといろいろな人と出会いますからね。その時のための準備期間。

発達にデコボコや遅れがある子は、同年代で区切られている学校にいる間はなかなか友だちができないかもしれないし、ほしくない子もいるかもしれない。そういうとき、あまりプレッシャーをかけないであげて、とにかく学業習得を含む広い世界に出る準備をさせてあげてほしいです。大人になって、交際範囲が広がったり、仕事上のつきあいができたり、あるいは同じ趣味を共有する仲間と出会うことで、そのときに友だちができるかもしれないから。

それと、日本中の学校現場でいじめを放っておかないでほしいです。栗林先生のように分析して対応していける先生がどのくらいの割合でいらっしゃるのかは未知数ですが、今はまだそういう先生に当たるのはラッキーなのかもしれない。でも、増えてほしいですね。友だちできない子にも、ほしい子にもほしくない子にもいじめっ子にもいじめられっ子にもフェアに対応できる先生。きれいごとではなく、子どもたちに発達段階に応じた社会性を教えられる先生。

そういう先生が増えるのを祈って終わりにしたいと思います。

本日はありがとうございました。

3

友だち観の変遷

「教室の備品」から「提出物化」を経て「生身のニンゲン」へ

ニキ・リンコ
（翻訳家）

ひと口に「友だち観」といっても、それには二通りありますよね。ひとつは、「友だち」という言葉の意味を何だと思っているか、どんな存在のことを「友だち」と呼ぶんだと思っているかということ。ふたつめは、友だちかもしれない（違うかもしれないけど）生身の身近なひとたちと、どうつき合っていくのがいいと思っているか、ということ。このどちらも「友だち観」だと思うんです。

私の場合、言葉の理解がスカタンだったために、ひとつめの方はかなり大変なことになってました。テレビの子ども番組の司会者は、単に「視聴者」という意味で「お友だち」って言いますでしょ。学習雑誌では「読者」という意味で使われることもあります。要するに世間一般の大人は「お友だち」って言葉が好きなんですよ。自分には友だちがいて、友だちとすごすと楽しくて、友だちって言葉を使うとその楽しい時間を思い出して楽しい気分になるから。だから、飾り言葉のように使っちゃうんだと思います。

ところが、「友だち」には本来の意味もありますよね。定義は人それぞれでしょうけど、まあ何にせよ、いっしょにいて楽しい人。それと、飾り言葉としての「お友だち」とを、混ぜて使う大人が多い。単に「同級生」を意味する場面でも「お友だち」を使い、「友人」を意味する場面でも「お友だち」を使う。いったんわかってしまえばどうってことないのですが、言葉の意味をこれから覚えようっていう子どもにとっては、これが脳みその無駄づかいの元になるのです。

「お母さんはついて行けないから、お友だちと一緒に行きなさいね」（同級生という意味）と言って送り出しておいて、帰ってきたら「お友だちできたの？」（仲のいい人という意味）なんてきいたりしてませんか。これだと、同級生とは全員、仲良しなのが当たり前とカンチガイする子が出てもおかしくありません。

私もしっかりこのカンチガイをやりました。近所でも学校でも、年の近い子どもとは仲良しに「なる」というより、「定義により仲良し」なのだと思いこんでいました。つまり、最初からみんなが仲良しとして扱ってくれるものと当てにして努力はしない、接待される気まんまん、意見や利害の行き違いがあっただけで、「交渉しよう」ではなく「おかしい、こんなはずでは！」と思っちゃうという、困った間違い方でした。

これは単に言葉の理解の遅れですから、言語理解さえ追いつけばわりとすぐに修正されます。でも、追いつくまでの間、交渉したり、がまんしたり、がっかりから立ち直ったり、工夫したりといった経験を積めないわけですから、練習不足の期間ができてしまいます。それに、その間に接触した子どもたちにイヤな思いをさせて申し訳ないし、悪い印象を残してしまいます。

私のときは、母から「アンタは性格が悪いから友だちがいないのよ」とくり返し叱られるうち、そうか、「友だち」には二種類の用法があるんだなと気がつきました。「勉強ができるのに一度も学級委員に選ばれないのは、みんなに嫌われてるからでしょう」というのが母の言う理由でした。

それまでだったら、「友だちがいない」と聞くと、「一学年に生徒ひとり」なんていうのどかな山の分教場状態か、「遠足に行くの忘れて、留守中の学校に行っちゃった」という粗忽な状況しか思いつかなかったでしょう。でも、この頃には言葉の力が追いついていましたから、「ああ、友だちって、性格のいい人、嫌われてない人にできるものなんだね」という理解は可能になっていたのです。まあ、「嫌われる」というのがどういうことなのかまでは、今思うといまいちわかってなかったのですが。

さて、ここからは、ふたつ目の「友だち観」の話に合流します。

ひとつ目の言葉の誤解がとけたときの事情から、私は、「友だちがいないというのは叱られるネタである」と学びました。「性格が悪い」ことも、「みんなに嫌われている」ということも。つまり、「性格が悪」くない、「みんなに嫌われて」いない、と証明して叱られないためには、友だちを見せればいいんだ。「友だち」の提出物化です。

一応、「一緒にいると楽しい時間がすごせるものだ」という理解は最初からできていたわけですから、そこに問題はないんですが、提出物化が始まると、この人と一緒にいて〈自分が〉楽しいかどうかという視点がついおろそかになってしまいます。性格が悪くないご褒美、嫌われていないご褒美として「なってもらえる」もの、という発想ですから、決めるのは必ず、相手。自分の好みが入る余地がないんです。自分の方から「この人とは合わないな」と離れてもいい、ということには気づきません。

さらに、「いるといいなあ」がすぽっと抜けて、「見せなきゃ叱られる」とか「見せるとかっこいい」が先に立つことで、判断の基準も歪みます。仲良くなるのが難しい相手ほど、提出物としての威力は大きいことになっちゃうからです。価値が高いのは、自分のことを嫌っている子。趣味やペースが合わず、一緒に楽しめない子。人嫌いで気難しい子。人気者でほかに友だちがたくさんいる子。忙しい子。そんな子にばかり優先的にアタックするのですから、向こうにとってはさぞ迷惑だったと思います。そしてやはり、合わない子と離れようという気になれません。いじめっ子を「落としてやる！」とストーカーのようにつきまとい、うっとうしがられて、よけいにいじめられることになりました。

さらに悲しいのは、簡単に仲良くなれる子の値うちを軽んじてしまったときです。温厚で親切な同級生というのもいたのですが、こちらはアタマから「自分はみんなに嫌われていて友だちがいない」というのが自分というキャラの設定だと思いこんでいますから、「定義によりその子は友だちではないはず」になってしまうのですね。がまんしてくれるだけ、かまってくれているだけ、と思うと劣等感がつのるし、積極的に自分の希望を言おうという気にならず、合わせるばかりになってしまうのです。我慢する練習にはなるかもしれないけど、交渉する練習にはなりませんよね。

それに、何といっても相手のあることです。もしも先方が、本当に私という人間に関心を持ってくれていたのだったら？　がまんしてくれてるだけ、かまってくれてるだけじゃなかったら？　失礼な話だし、つまらなかっただろうと思います。傷つけたことも、あったかもしれません。第一、近づいてくる子、つき合いやすい子というのは、私とペースが合う子、覚醒度や体力といった面でバランスがとれている子だった可能性が高いわけです。生理的に波長の近い子とは、一緒にいて楽なのも当然ではありませんか。

そんな私も、学校を出て、大人になりました。

実際の「友だちかもしれない（し、ちがうかもしれない）人とのつき合い」については、いったんブランクができたことでリセットされた気がします。結婚して知り合いのいない土地に移ったり、不便な場所に住んだり、友だちになることを期待されない（あたりさわりのない交際が普通である）場面で人と接したり。友だち（と呼んでいる人）がいなくても言い訳がたつ、恥ずかしくない、性格が悪い証拠にならない場面をたっぷり経験することでようやく、提出物扱いの癖が少しずつ抜けていったのでした。

でも考えてみたら、「あたりさわりのない交際が普通である場面」って、世の中の基本ですよね。出会った誰かと友だちになるかどうかはオプション、友だちができたらめっけもの、だからこそ、もしもできたらめでたいし、うれしい。これこそ、美化語として「友だち」を濫発したくなる状況、というスタート地点です。学校の教室だって、本当はそうだったのかもしれないのですが、誰も、私にわかる言葉でそう説明してはくれなかったのでした。あまりにも当たり前すぎて、省かれていただけなのでしょうか？

知り合いのいない土地に移ったり、不便な場所に移ったりすると、友だちがいないことを環境のせいにできます。「自分は性格が悪いから嫌われている」なんて話とは切り離せる。

嫌われたくても、嫌ってくれる人さえいないんですから。そんな中で合法的にひとりでぼんやりしていると、自分は本当に他者を求めているのか、求めているなら何のためなのかの切り分けができてくるのです。寂しいのか、退屈なのか、自分が他人の愛に値する人間であることを証明したいのか、ひとりで迷走していないか不安で、ツッコミがほしいのか。

しばらくぼんやりしてみた結果、自分は「寂しい」と「退屈」の区別が曖昧だったなと気づきました。「友だちがいないと寂しいものだ」という文化的な刷り込みのせいなのか、本当は退屈なときにも、寂しいのだと勘違いして、寂しさ対策のつもりで人を求めていたようなのです。両者の区別がつくようになり、退屈の場面を差し引いてみたら、実際には自分はめったに寂しくなっていないとわかりました。一方、人としての価値の証明なら、過去にたった一度でも愛された記憶があれば、一生通用するから十分です。意外に切実だとわかったのは、ひとりだとお山の大将で独り善がりになってしまわないかという不安、ツッコミやフィードバックへの欲求でした。これだと、私のことを好きすぎて、何でも称讃しそうな人じゃだめってことになります。逆に、はっきり物を言ってくれる人でさえあれば、別に友だちじゃなくてもかまわないんですよね。

こうして私は、自分の側の欲求、需要を知ることができました。

ブランクによって、「友だちとは、性格が悪くないご褒美として、なってもらえるもの」という癖もリセットされたようです。こっちから「この人と出かけても楽しくない」とか「この人とは話がはずまない」とか感じてもかまわないのだ、と気がついたわけです。大人になると、知り合う範囲も広がりますから、小学校や中学校にくらべてバラエティ豊かな人を知ることになるんですね。そりゃもう、すさまじい人、明らかにおかしい人（失礼だとか、たかり癖があるとか、自慢ばかりしてるとか）だっているわけです。そのおかげで、「なあんだ、こっちからイヤだって思うこともできちゃうんだ」と発見できたのでした。「微妙にイヤ」とか「なんかしっくり来ない」では難しかったと思うんですが、「明らかにおかしい人」なら、さすがに初心者にもわかりやすいのですよ。「悪い人じゃないんだけど、なんとなく波長が合わない」なんてのは応用編。もっと上達してからの話です。

ブランクによるリセットと並んで、普通の人たちの脱神秘化も効果がありました。子どものうちは、「自分の感覚や希望＝間違ってる」「自分以外の人＝合ってる」という思い込みがどうしてもあって、正解を知るためには他人を見ればいい、と思っていました。でも、実際に誰を見るかまでは考えたことがなかった。他人なら誰でもいいと思っていたのです。なんと大ざっぱな。でも、本や映画といったフィクション、あるいは実在の他人の噂話など、自分が関係ない状況で落ちついてよく観察してみたら、自分以外の人どうしの間でも見解がくいちがってることはたくさんあるじゃありませんか。

Aさんは Bさんと友だちになったと思っているのに、Bさんはそう思っていない。「あの人と友だちになれるかな」と悩んでいる人がいる。「あの人は自分のことを友だちだと思ってくれてるのかな」と首をかしげてる人がいる。そして、問題はAさんがBさんに、BさんがAさんに好かれてる・嫌われてるということではなく、「簡単に友だち認定をする人もいれば、友だちという言葉を慎重に使う人もいる」という温度差から発生してる場面もたくさんあるらしい。

そう、「友だち」という言葉の指し示す範囲は、使う人によってばらつきがあるようだと知ったのです。

これに気がついてしまったら、ずいぶん脳みその節約になります。自分がCさんと友だちかどうかだって、「『友だち』の定義によりけり」でいいことになるんです。友だち認定の閾値をどの辺に設定するかで変わるような、実体のないことで悩むのはあんまり意味がない。

だから、誰かとの関係が「友だち」に当たるかどうかは、「たまたま謎が解ける日までは棚上げ」と決めたのでした。相手が私に「友だちなんだから」とか「友だちじゃないの」とか言ったら、あるいは、第三者に私のことを「友だち」として言及したら、友だちとわかる。たまたまぽろっとわかるまでは、謎は謎のまま寝かせておけばいい。そんなことを考える手間で、関係を楽しんだ方がいい。

それに、「友だち」と「友だちじゃない」だとONとOFFの二種類しかありませんが、そこを棚上げにしてみると、中間に豊かなグレーの階層が広がっていることが見えてきます。いっしょに遊ぶとうんと楽しいが後でくたびれる、たまに会うだけでいいや、っていうDさんと、さほど盛り上がりはしないけど、しょっちゅう会ってても鼻につかないEさん、なんてのがいることにも気がついてきます。私はDさんとEさんのどっちが好きってことになるんでしょうねえ？　つまり、「好き度」なんていう一本の尺度ではとても測れないってこともわかってきます。「友だちか？　違うか？」に引っかかってるうちは、そこまで考えることはできません。

一緒に遊んだり、食事をしたりしているときに、相手が本当に楽しんでいるかどうかを判断する力は今もありません。もちろん、はっきりと言い争いになったり、悪い雰囲気になったりすればわかりますよ。でも、がまん強い人、心身に余裕のある人がその場をうまくとりつくろってくれていたら、私には判断できません。だけど、これも「棚上げ」の術。わかるときが来るまではわからないんですから、考えるだけムダ。しばらくは謎ですが、後日、別にしがらみもないのにもう一度誘ってくれたら、少なくとも不快ではなかったと判断します。あるいは、多少不快なことがあっても、別の楽しさがそれを上回ったと判断すればいいわけです。

本当はいやなのに、何度も誘ってくれる人がいたら？　それは相手の問題です。自分が幸せな時間をすごせるよう、自己管理を怠ってるのは向こうなんですから、そこまで面倒は見ません。あるいは、私の知識や人脈に魅力を感じるから私のつき合いにくさを我慢してくれているのであれば、我慢してもらいましょう。損はしていないわけですし。

私は今でもイビツでアクが強いし、いろいろと濃いし、万人向きのタイプではないと思います。そのくせ自分からは、いろんなパターンに対応するのが不得手なので、濃い人、アクの強い人は避けてしまうのだから勝手なものです。でも、世の中は広く、人口も多いので、私程度のイビツさなら誤差の範囲として受けとめるキャパのある人だってそれなりにいるし、まれにですけど、面白がってくれる人さえいるようです。誰もが私や私の母と同じくらい臆病で神経質だと決めつけるのは、人類の多様性を見くびってます。誰かがだめでも、別の人を当たればいいんですよ。

それに、人が私とすごす時間を楽しめるかどうかは、私という人間の「つき合いにくさ」単独では決まらないみたいです。「いま食べている物がおいしい」『好きなものの話ができる」「苦楽を共にした想い出がある」「共通の目標がある」「私に助けられた過去がある」などのプラス要素があれば、合計点によって、つき合いにくさはいくらか相殺されるようなのです。

アクのない、安定した、つき合いやすい大人を目ざすというのは、なかなか高度な努力です。労力の割に進歩が遅い。努力をやめるわけではないけど、まずは、アクやクサミを相殺してくれるプラス点を積み増していく方が即効性がありそうです。親切にするとか、協力するとか、共同作業では力を尽くすとか、一緒に盛り上がるとか、「この人の近くにいるときに、よいことがあった」という体感を相手の記憶の中に貯金していけば、少しくらいのクサミならスルーしてもらえるかもしれません。

大人になって変わったことはどれも、「必死にならなくなった」という点で共通しています。好かれよう、選ばれようと必死にならない。友だちを持とうと必死にならない。友だちになれたかどうか知ろうと必死にならない。アクのない人間になろうと必死にならない。必死にならなければ、力みも、歪みも出ない。ただでさえ土台が濃くてイビツなのだから、さらに暑苦しく、イビツになっている余裕はありませんものね。

4

根っこの部分で「人間が好き」だった

真鍋祐子

（研究者）

友だちほしいかほしくないか

浅見 真鍋さん、本日はインタビューにご登場いただきありがとうございます。今回は『自閉っ子のための友だち入門』という本を企画し、その記事の一つとして真鍋さんにご登場いただこうと思いました。

最初に読者の皆様に真鍋さんをご紹介しますね。

真鍋さんは北九州のご出身で、小学校から一貫校で過ごされ、そのあと紆余曲折を経て現在は東京大学東洋文化研究所で教授の職に就かれています。四年前にアスペルガーという診断を受けられています。

私が真鍋さんと最初にお会いした印象は、(良い意味で) 自閉圏らしい方だなあという一言です。お話を伺うと、小学校時代に教師からのいじめにあい、それで発奮し勉強に頑張るようになり、ついに東大教授にまでなってしまったということですね。そのあたりが、ある意味自閉圏の方らしい一途さだなあと感じました。

そういう真鍋さんにとって幼少の頃から今に至るまで「友だち」ってどういうものだったかお聞きしたいと思い今回ご登場をお願いいたしました。

ところでですね、いろいろな方に聞いて回っているし、この本にもニキさん、藤家さんが寄稿してくださっているんですけど、その結果わかったのは、自閉圏の人と友だちの問題って二種類あるということです。一つは、友だちがほしいけどできないという問題。もう一つは、実はほしくないという問題です。

真鍋　私は後者でしたね。

実はニキさんも藤家さんもそうなのです。ほしくないけど作れ作れと言われたそうです。

同じです。友だちはいることはいました。でもいわゆるメインストリームじゃなかったんですね。

教師が抱く望ましい友だち像

は？　友だちにメインストリームとかそうじゃないとかあるんですか？　つまり、クラスの中で中心となるような、そういう人と友だちになったわけじゃないということですか？ それが先生から見ると、注意すべき点だったということでしょうか？

そうだと思います。けれども私は、クラスのメインストリームの人たちにあまり興味がなくて、はぐれもの同士で楽しくやっていました。そうしたらそこに介入されるんです。

なんで介入されるんですか？

そういう人とつきあっていても益にならないからとか。

メインストリームに行けっていう感じなんですか？

じかにじゃなくて父兄面談で言ったりするんです。たとえば誰それさんみたいな人とつきあいなさい、とか。

そうですか。不思議なこと言いますね。

一つは、はぐれものの人たちは必ずしも勉強ができるタイプではなかったからかもしれません。若干生活の上でだらしなさが見えるとか。だからじゃないかと思います。そしてあまりみんな、闊達な方ではありませんでした。校庭でドッジボールやっているのに自分から入れて、とは行かないタイプでした。校庭の隅っこで絵を描いているようなそういう人たちです。

私自身もそういうタイプで、それが悪いことだとは今でも思っていないし、私にそういう子とつきあうなという先生の真意は今もわからないんです。

わからないですねー。

あえて言うならば、私は小学校一年生で担任からのいじめにあったことを契機に「勉強で見返せ！」と勉強を頑張るようになったんですね。負けん気も強くて成績もよかった。でも友だちは勉強にも関心がなかったので、そういうことが原因だったのかもしれません。先生が私に推奨したクラスメイトは勉強もできてクラスのリーダー的な活発な人でした。そういうタイプの子ともっとつきあえば伸びる、切磋琢磨して伸びていけるよ、みたいな気持ちだったのかもしれません。

そういうこと介入をされてどう思いました？

余計なお世話だと思いました。

ですよね。

うちの母も一応、こういうこと言われたよと報告だけしてくれたんですけど、それ以上の介入はしなかったんです。そして友だちづきあいは私に任せてくれたので。

ありがたかったですね。

そうですね。だから私は平気で先生の期待を裏切り続けてきました。

はぐれものの人たちと一緒にいるのは楽しかったんでしょ？

ええ。それなりに琴線がふれあう部分はあるわけです。だからそれはそれで楽しかったんです。

そこに介入してくるのが不思議ですね。

そうですね。

それが学校文化なのかな。

小中高と一貫校だったので、小学校から中学校に行くときも申し送りが行くと思うんですよ。そしてこれ偶然かもしれないけど人為的じゃないかと思うくらい、中学になってから一度も同じクラスにならなかったですね。

そのお友だちたちと。

はい。

ああ、学校ってそういうことするみたいですよ。公立でさえするみたいですから、私立だとよけいやりやすいかも。

ええ。それでもつきあっていたんですけど。

ああ、じゃあ本当に仲良しだったんですね。
まとめると真鍋さんの場合には、一応友だちはいたんですね。でも大人から見て望ましい友だちではなかった。

そういうことですね。たぶん。それしか考えられない。

大人の気に入る相手ではなくても

セラピストの愛甲さんは『脳みそラクラクセラピー』の中で「友だちは何が何でも作

る必要はないけれど、ひとりもいないのとひとりいるのとは違う」とおっしゃっています。友だちはゼロよりは一がいい、と。でもその点は真鍋さん、クリアされていたわけですよね。

全くの孤独でいたわけではありませんでした。中学になって、その子たちとクラス別個にされて、中学から入ってくる人がクラスの半分くらいいました。カルチャーの違う人たちが入ってきたので、中一の間だけつらかったですね。話す人がいなかったり。グループに入れなかったり、一緒にお弁当食べる人がいなかったり。

でも中一だけだったんですね。

はい。引き離された友だちとも一緒に帰ったりもしたし。クラスの中でそれなりに友だちはできました。グループというより、ちまちまとでしたけど。でもそれもクラスの担任から見ると気に入らなかった相手らしく……。

わはははは。そうなんだ。なぜでしょう。またはぐれものっぽいお友だちだったんですか？

愚痴っぽいというか、暗いというか、そういうタイプの子でした。

要するに明るい人とつきあってほしいんですか？　先生は。

みたいな感じですね。

どうしてでしょうね。みんなが明るい子とつきあっていたら暗い子が余っちゃうから、暗い子とつきあいたい子がいても別にいいと思うんですけど。明るい人とつきあう人が増えればクラスが明るくなると思うのかしら。

そうでしょうねえ。

それでそういうおせっかいするんですね。

その友だちは成績が可もなく不可もなく、生活態度は折り目正しい人なのに、なんの文句があるんだろうと思いました。ただ、世をすねるタイプではありました。下から一緒に上がってきた同級生にはお金持ちが多く、中学になると今度はカルチャーの違う人たちが大勢入ってきて、その鬱屈をぐちぐち言うような。今のようにいじめとかスクールカーストみたいなものはありませんでしたが、大人の世界の階級制度を投影したような中で、私たちはアウトカーストみたいな存在でした。企業城下町なので、中学になって大企業エリートの子どもがたくさん入ってきたので。

中学生で、そういう階級制度の自覚があったんですか？

薄々と。

でもそれで、私たちダメなの、とは思わなかったでしょ？

自分の力で生きていこう

それは別に思わなかったですね。それこそ勉強できた方が勝ちだと思っていたので。

父がよく言っていたんです。同じ線上にいるように見えても、最後はバックグラウンドのある方が、親のコネとかがある方が強い、と。今は成績が上位でも最後はわからない。自分のところはコネがない。だから、教育だけは望むだけ授けてやるから、あとは自分の才覚で生きていけとずっと言われていたんです。

それってすごくいい教育ですね。きれい事を言わず、世の中の仕組みをきちんとネタバレしてくれていて。実は自閉圏の方たちは、現実を受け止める力は定型発達者より強いですからね、と私は思っています。

父が苦学して大学まで出た人だったので、割と冷めていたんですね、私は。

それで早くから、自分の力でどうにかしようというモチベーションが育っていたんですね。

はい。だから人づきあいは自分は苦手だけど、大学入ったあとくらいから、自分で人間関係を開拓していかないと自分は生き残れないと自覚するようにはなりました。

すごいですね。戦略的。同じアスペルガーの人でも、戦略を持っているかどうかで全然違いますよね。

★浅見淳子ブログより

自分から売り込むこと

ニキさんとの出会いは、ニキさんからの売り込みだったが
そういうのかっこわるいと思っていた時代があった、
とニキさんに言われてびっくりしたことがある。

「なんで?」

職業人生の最初から出版界にいた私は
売り込んだり売り込まれたりするのが日常茶飯事で

それがどうかっこわるいのか想像もつかない。

「でもアイドルとかでも、友だちが勝手に応募して、
みたいなのがあったでしょ昔」

そうだなあ。なんであんなウソつくんだろう？
考えたこともないからわからないけど
自薦より他薦のほうが、なんとなく信憑性があるような気がするのかな？
他に理由を思いつかない。

私は花風社を作る前に二つの会社で正社員をやったが
両方とも募集に応募したのではない。
面白そうなことやってる会社だなあと思って
「人いりませんか？」ときさに行った。
「いりません」と言われた。

でもいざ求人の必要が出てくると真っ先に声をかけてもらえた。
そして試験を受けた。倍率は一倍だ。

花風社を作って編プロとしての営業をかけたり版元になりたいときには
取次口座を開いてもらうためまた足繁く通ったりした。

売り込みっていうのは、
やりたいことがある以上必要なことなのだから
それを恥ずかしく思う感覚がわからない。

ニキさんは企画のつぶてを投げつけてくれた。
ちゅん平は原稿をどさっと送ってきてくれた。
白くま母さんはワードファイルで大地君が周囲に配っている
自分の取り扱いマニュアルを送ってくれた。

そうやってご縁がある。今がある。

世の中はそういうものだ。

逆に売り込みしないで「ああなりたい」とかぼやいている人を社会は「怠慢」とか「実行力がない」と見なすのでそのあたりをカンチガイしないようにしましょう。

断られたらどうしよう？　って。

教えてあげましょう。
普通は断られます。
そこでくじけないことです。

浅見さんがブログに書かれていた売り込みは大学生のときからやっていました。今から思うと幼稚なやり方、考え方ですが。でも私なりに必死だったし。

私もそうですよ。このブログに書いてあるように、倍率一倍のところしか経験ないし。人いりませんていうところに履歴書持って行って三十分くらい話してきて。そうすると次に人が足りなくなったときに思い出してもらえるんですよね。倍率何十倍とか応募したことないです。

ニキさんが最初企画持ってきてくれたことを考えても、自閉症の人でも営業できると思います。それをできないと言ってしまって可能性つぶすのって惜しいですね。

今考えたら父から受けた影響ってとても大きいと思うんですけど、小学校に入るか入らないかのうちから、人が右に行くときはわざとでも左に行けとずっと言われていました。だからみんながわいわいやっていても、いいよ別に私ひとりでも、という気持ちは持っていました。

ひとりでもいいやという気持ちはあったんですね。

ありました。

今の自閉っ子って、というか、自閉の人に限らないのかもしれないけど、友だちほしがりますよね。時代的な流行りとして、友だち作ろうブームがあるから友だち作らなきゃいけないような気になってるのか本当にほしいのか、どっちなんだろうと不思議に思います。

友だちという言葉の呪縛

友だちという言葉に呪縛されているというか。

ああ、呪縛は方々にありますよね。

友だちってなんなんだろうと考えてしまうんですけどね。友だちの定義ってなんだろう、と。

人によって違いますよね。

友だちいますか？　ってきかれて、いるといえばいるし、いないといえばいないし。

そうですよね。藤家さんは友だちの定義をすごく大げさに狭くとらえていて、自分には友だちはいないと思っていたけど、実はいたんだって気づいたみたいだし。

でも真鍋さんの場合には基本的に、自分ひとりでも自分ひとりの才覚で生きていけばいいや、っていうお気持ちがあって、そしてその時々で心地いい人とつきあっていたんですよね。ただそれが大人から見てメインストリームじゃないという突っ込みを受けていた、と。

そうです。あれはすごい迷惑だった。

迷惑ですよね。かわいそうに見えるんでしょうかね？

かわいそうに見えるのか。非行に走るようなタイプの子たちではなかったんだけど、足引っ張り合って変なところに行くんじゃないかと思われたのかよくわからないんですけど。

ひとりの時期をプラスにする

今、お母様になられてどうですか？　お子さんに友だちができるかどうかとか気にしますか？

していないですね。
友だちのことで悩んだりしている風ではないし、子どもに関しての友だちの心配はしていないです。できたらできたで楽しいでしょうけど。それが第一位ではない。たくさん作ってほしいとかも思わないし、友だちがいない時期は時期としてたとえば本を読むとかで間接的に他者と交わることもできるし。
別に友だちいない時期があったっていいんじゃないでしょうか。その時期をどう乗り切るかにかかっていると思います。そこでへこんでしまうのではなく、その時期にしかできないことをやることによってプラスに転じていくこともできるでしょう。

真鍋さんのお仕事もそうだろうし、私の仕事もそういう面あるんですけど、ひとりでいる時間って大切なんですよね。ひとりでいる時間がある程度ないとできない仕事です。そういう仕事も世の中にはあるので。

研究職と社会性

ただなんか、社会性がなくてもやっていける職業の筆頭に研究職ってよくあがるでしょう。それはちょっとあんまり……正直言ってちょっと不愉快です。

私は研究職って、きっと社会性ないとやっていけない職業だろうな、と思っています。社会性がない人はないなりにやるのかもしれませんが、あった方が有利ですよね。売り込みもしなければいけないしパワーポリティクスの間を泳いだりしなければいけない場面もあるだろうし。そうなると、社会性がなければ賃金が発生するところまでは行き着けないのかもしれませんね。

オタクと、研究者としてお金を稼ぐことは違うと思います。

どこが違いますか?

やっぱり研究や授業は一種の商品だと思います。本を書くにせよ論文を書くにせよ、それを読んで勉強になったとか言ってくれる人がいないと成立しない商売だと思います。みんなもともとは好きだからというところから始まるんだけれども、やはり好きだからだけではやれない仕事です。どこかで頭打ちがきます。修士とか博士あたりで。オタクとは複合的な面で違います。

　私は最初、朝鮮語の教師として就職しました。もちろん朝鮮文化論も仕事の一部でしたが、教養の語学を教えるということで買い手がついたわけです。趣味でオタクのように朝鮮文化を調べているだけでは仕事にはなりません。大学というマーケットの中でどういうサービスを提供できるかが大きかったです。

そういうところで必要とされた社会性を培うには、別に明るい子とつきあう必要はなかったですね。

ないです。

暗くてもメインストリームでもつきあう友だちがいて仲良くできること、そしてお父様からの薫陶で、自分は自分の才覚で道を開いていくこと、そういう教えの方が大きいですね。

そうですね。
自分は今東大にいますが、かなり変則的な学歴をたどってここにいます。

この前教えていただきました。まず教育大に入り、修士に行き、修士に入り直し、そして博士に進まれたのですよね。

はい。そこから売り込んだり働きかけたりしてここに至っているわけです。

仕事ってわらしべ長者みたいなもんですよね。

ってよく言われるんです。周囲から。でも元をただせば教育大への不本意入学が大きかったんです。そこでなぜ朝鮮語を選んだかっていうと、まさにうちの父が言う「人と違う方向に行け」そのものだったんですね。そして研究者志望だった私は教育大に入った時点で、自分はこれから大学の権威とか学閥ネットワークとかの後ろ盾がまるでないところで生きのびなくてはならないのだと自覚しました。そんな中で韓国人の文化人類学者が書かれた韓国のシャーマニズムの本を読んで、その先生が当時韓国の大学の教授だったんですけど、その方にファンレターのような質問状のような手紙を独学の下手くそな朝鮮語で書いたんです。そこから始まったんですね。

当時韓国に関心を持つ学生はほとんどいなかったので、私のことを気にかけてくださるようになっていろいろ助けていただきました。そういうことの積み重ねできたんです。本を書くきっかけも、最初訳したい本があって、それを自分で翻訳したものを編集者に持ち込んで本になって。本を出すのも全部そうやってきたので。私は人づきあいはよくないですけど、浅見さんの言葉でいうところの社会性はあるのかもしれません。

そう思います。私は、友だちの多さと社会性は別のものだと思っています。誰とでも仲良くできないこと、大勢でワイワイやれないことが、すなわち社会性のなさを表しているとは考えていません。真鍋さんは明るくワイワイ社交的な方ではないとしても、社会性はお持ちのように見えます。

わらしべ長者の件ですが、それは特別な幸運に見舞われたわけではなく、仕事って基本的にそういう縁だと思っています。私自身のキャリアを振り返ってみても、大学時代は遊んで暮らしたので、卒業するときに倍率何十倍の出版社なんて受けようとも思いませんでした。でもその後翻訳のお勉強していたら人づてで出版界と縁があり、そこから出版との縁が始まったのです。まさかその後出版社作るとか、翻訳者養成講座を開いたらニキさんが生徒としてやってくるとか、それがきっかけで発達障害をこれほど手がけるようになるとか、思ってもみませんでした。

ニキさんは真鍋さんと同じように、自分で出したい本を訳して持ってきたんです。それまで自分は売り込みする人だけど世の中の人は売り込みしないなあ、とかねがね不満に思っていたら、何冊も持ってくる人がいて、それがニキさんだったんです。それも社会性なんですよね。そしてそういう社会性は、誰とでも仲良くしたり明るい子とつきあったりすることで築かれるものではないですよね。

❀　そうですね。

うちの場合には母が自営業をやっていて、売り込みや利益を得るための交渉とかを見ていました。研究者の業界は向こうから来るのを待っている人が多いけど、他の業界は先行投資して試作品とか作りますよね。なぜ現物持って行くという発想がないのか不思議でした。

私は逆に、最初に入ったのが出版の世界で、そういうのが毎日のようにある業界だったので、そちらが普通だったんです。だからニキさんが売り込んできてもたじろぎませんでした。普通に受け止めて。だけどあとで自閉症の人は営業苦手だと思われてると知ってかえってびっくりです。

親が臆病でないことはありがたいこと

あと、浅見さんがブログで「親が挑戦の土台を作ってくれること」について書いていらっしゃいましたが、それは大事なことだと思います。

はい。成人した方たちから聞き取りをしていると、親御さんが臆病だったんだなあ、だからよけい経験値を積めなかったんだな、その結果世の中が怖くなってしまったんだな、って思うことが多いんです。

大学一年で朝鮮について勉強しようと思い立ち、あれこれ独学するうちにやはり一度はじかに行ってみたいという気持ちになりました。同じ希望をもつ友人がふたりいて、どうしたら行けるのかを話し合ったことがあります。うちの大学では一年生には学生課でバイトを斡旋しない決まりになっていました。地元出身の同級生たちは地縁の強みでバイトをしていましたが、私たちは三人とも九州出身でそれができませんでした。だから親に援助を頼むしかなく、でもどうしたら説得できるかが問題でした。

当時の韓国に対するイメージは、長期軍事独裁、学生デモ、反日感情などネガティブなものばかりです。私たちの親はその世代なりの差別意識も人並みにもっていたし、何より危険なイメージしかない国に未成年の女の子を快く送り出してくれるとは到底考えられなかったのです。そこで三人で情報を探り、大手旅行社ツアーの中から「日韓合同古代史シンポジウム」というスタディツアーの広告を見つけました。実は他のふたりは古代史マニアで、大学でも勉強していたので、私よりも乗り気でした。

その広告をもって冬休みにそれぞれ親を説得してくると約束して帰省しました。しかし年が明けて再会してみると、ふたりとも強硬な反対にあい諦めたという返事でした。

私の方は拍子抜けするほど、あっさりと許可が出ました。たとえ親が相手でも、お金を出してくださいと、いわば私の未来のために先行投資をお願いしに行くわけなので、いろいろと工夫して父親の前でプレゼンしたのですが、「お前は必ずそこで何かをつかんで帰ってくるはずだから行って来い。金は出してやる」と即答だったのです。それだけでなく、父は広告に載っているプログラムを見て、オプションで別料金の「レセプション」に参加しろ、お金のことは気にするな、と意外なことを口にしました。社交性に自信のない私は即座にいやだと言いました。それに勉強以外のところで親のお金をあてにはできないとも言いました。しかし父は頑として引きませんでした。シンポジウム本体よりレセプションの方が大事だ、逆にレセプションに出ないならこのツアーに参加する意味はない、そこで必ずお前は何かをつかんで来る、お金はそういうところに使うのだ、とさえ言うのです。渋々承諾しました。

はたして、父の言ったとおりになりました。私はひとりでそのツアーに参加し、同行者の在日の男性から「教育大生」という理由で、レセプションの席で韓国文教部（日本の文部省にあたる）のお役人を紹介されたのです。私は当時問題となっていた教科書問題についていろいろと質問し、拙い自分の意見を聞いてもらったりしました。帰国後すぐにお礼の手紙を送り、その人とのやり取りを通じて少しずつ韓国での人間関係が出来上がっていきました。大学二年の時から単身で韓国を訪ね、現地で調べ物をしたり勉強するようになりました。今の私はその延長線上にいるわけですが、それを可能にしたのは、まさに「挑戦する土台」を両親が作ってくれたおかげでした。

お父様の見識は素晴らしいですね。「レセプションで何かをつかんでくるはず」というのは、お嬢さんをよく観察してのことだったのですね。お母様はいかがでしたか？

小学校一年生から金銭教育を受けた

浅見さんは本やブログでたびたび金銭教育の必要性に触れていらっしゃいますが、私も思い当たります。実は小学校一年で母によってアルバイトに出されたんです。

小学校一年生でですか？

もちろん実は母が裏でお金を預けていたんですけど、一週間知り合いの美容院で働きました。楽しい経験でした。ただし、夏休みの自由課題にしたら担任から怒られたんですけど。

学校はお金が絡むことをいやがりますからね。でも最高の教育ですよね。

はい。どういう風にすればお客が、雇い主が喜ぶか、そのときに学びました。

小学校一年生の学びをそこまでとっておけるのが、長期記憶の得意な脳みそだなあと思います。

オタクと研究者の違いについて学んだ原点はそこかもしれません。

どういう人にわかってもらいたいか。照準を定めたお客にどういう言葉を使えばわかってもらえるか。わかりづらいならどういう比喩を使えばいいのか。ところどころおもしろいエピソード入れたり。そういう工夫の必要性に目覚めたのは、あの経験のおかげかもしれません。

最初の読者は自分ですから、自分の目で、耳で確かめます。書いた文章は、音読してみます。自分が読んでいて楽しくないものは商品にならないと思っています。

売り込みを断られたらそこでまた自分の論理と買う側の論理の違いに直面する。そこからまた発展していけばいい。その原点は一年生のときのアルバイトです。床に落ちた髪の毛のはきかた、パーマに使ったロットの戻し方、二日目くらいからは、工夫するようになりました。

すごいなあ。

お金をもらうためには、足手まといになるようではいけない。お客が望むことをやる。それに対する対価としてお金をもらう。そういうことを学びました。

それが今の仕事にも活きています。どういう書き方をすればはまるのか。誰が照準か。論文と一般書の違いを知り、使い分ける。そういう視点がないと、研究者としてもやってはいけません。

発達障害支援の人たちが「研究者なら社会性なくてもできる」と安易に言ってしまうのは、他人の職業については割と簡単に考えているからです。よく聞いてみると、薄っぺらい概念しか他人の職業に持っていなかったりするんですよ。だから、本当に向いているかどうかは別の話です。研究者志望なら研究者に聞けばいいんですよ、本当は。

社会性がなくても大丈夫だと思って入ってきても、どこかで淘汰されると思います。大学院とか。

そこでそれ以上行けないことに対して「社会の理解がない」と決めつけてほしくない

ですね。単に、家庭で教えるべきことを教えてこなかった結果かもしれないのだから。

あと、どんな職業が自閉症の人に向いている向いてないも話半分に聞いておいた方がいいと思います。今はＩＴが向いているとされて、実際に向いている人は多いのだとは思いますが、体力ないともたない仕事である面があることもたしかだし。

一方で向いてない職業の決めつけもあまり真に受けない方がいいかも、と思います。自閉圏の人には営業向いてないという決めつけがありますが、真鍋さんだってニキさんだって、自分で営業して道を切り開いてきたんだし。

当事者の方の中には、人を救いたいという気持ちが強い人も多くて、メンタルヘルスの分野で仕事につきたいという希望もけっこうあるんです。ただ支援者の人たちは、ここに関してはきっぱりと「向いていない」って言い切るんです。自分たちが実際にやっていて大変さをよくわかっているからでしょうね。

他人が右を行けば、左へ行け

それで方向付けられたら、子どもがかわいそうですね。

私の診断をしてくれた先生は、父の「他人が右行けばおまえは左に行け」という言葉、これって究極の療育だっておっしゃっていました。自分の才覚で仕事していくときにみんながやるような職種だとたくさんライバルがいる。そういう中では、うまく上に取り入ったり全方位外交してにらまれない子が生き残る。そういう場で、自閉圏の人のサバイバルは困難です。人がやらないことだったら競争相手がはなからいないから、これが究極の療育ポイントだと。

なるほど！

人がいない分野だから少々変わり者でも他にいないよね、と職が決まっていきました。

だったら友だちも変わり者でも全然かまわなかったじゃないですか。変わった職種とか変わった専門分野とか選ぶんだったら。

いいと思うし、自分がある局面を抜けて新しい局面に移るときって、それまでのつながりがごっそりと抜けていく時があって。

あるあるある。

新しいつながりに変わっていくという感じの時期がありますよね。

切らないと出てこないご縁ってあるんですよね。ばっさり切らなくても、縁が薄くなっているところを無理矢理つなぐことはないですね。離れて行くのを引き留めないことで新しいご縁が出てきたり。

だから友だちがいなくても気にしなくてこられたし、この年になると学校にいるときには交わることのなかった同級生と人生経験を重ねて出会い直すということが多くなってきて、だから近視眼的に友だちがいないといって悩んだりあげくの果てに自殺したりするのはもったいないと思います。

友だちいないから大学出てこられないとか、とても不思議です。

全人的にかかわらなくていい

かつては私も、友だちという言葉に呪縛されていました。異性同性限らず「あなたのことが知りたい」と言われたら本当に字面で理解していました。とくに異性間で「あなたのことをもっと知りたい」と言われたら深い意味があるのにそれに気づかず、もっと知りたいと言ったら全人的に理解してくれることを望んでいると思っていました。

わはははは。ちょっと藤家さんとかぶりますね。

全人的なかかわりじゃないとダメだ、相手のことをそういう風にわからないとダメだ、という思い込みの強い時期があったことは確かです。友だちになりたいという空気を送ってくる人がいたら、だったら私のこと教えてあげましょという感じで自分のことわーっとしゃべって嫌われたり。

全人的！　それ、ぴんとくるキーワードです。

めったにできない友だちだから、たまにできたらどんな迷惑をかけてもいいとか、藤家さんみたいに友だちだからデータベースみたいに血液型とか星座とか家族構成とかなんでも知ってなきゃいけないとか、そういう誤解をすると、友だちを得るって大変なことのように思えます。

たいていの友だちっぽい人は人格や趣味の一部でつながっている。それでいいんだっていうこともあまり知られていないのかなと思います。

今の私はそういう感じです。自分以外の人と全人的につながるなんて無理じゃないですか。

無理無理。

他者に対してそれは無理です。どんな高潔な優しい人だって無理です。部分部分でつながっていればいいです。全人的に友だちほしい人から見ると今の私の生活なんて死にたくなるような生活かもしれません。子どもと夫の世話をして、大学も研究所勤務だから人とあまりかかわりがありません。テレビで見る「気の置けない友だちとの食事」とか夢のまた夢。

別にそれは望んでいないでしょ。

時たま、ああいう時代もあったなあとなつかしくなりますけど、また子育てが一段落したらそういう時間ももてるでしょうし。今はやはり子育ては大事だから。電話で友だちとしゃべる機会もないし。休みも子どもに取られますし。週末の方が忙しいくらいで。

でも、働く大人の現実ってそれですよね。

人には両面ある

そういえばこういう思い出があるんです。

小学校卒業間際のことでした。先生が、それまでたまった落とし物をクラスで配ることにしたんです。そして、クラスメイトの「いいところ」をあげるように皆に言って、ほめられた人に好きなものをあげることにしたんです。ところが私は、誰にも「いいところ」を言ってもらえなかったんですね。

そうしたら、私の前だけ何もないのに気づいた同級生がいました。そして、私のいいところを言ってくれたんです。正直言ってそれまで口やかましくて苦手な人だったんです。ことごとく対立していました。今考えたら長女で。

姉御肌の人だったんですね。

いやな面もあるけど思わぬところでいいところを発見しました。あれは、忘れられない体験です。

いい思い出ですね。その人は気が利くタイプだったんでしょうね。それがうっとうしいこともあればそこに救われることもあるんですね。

人には両面あるから。たこつぼの中で悩んでいるときにはそれが見えないんですけど。

嫌いな人がいるのはいいと思うけど、人間を好きになってほしいといつも思います。人間が好きじゃないのは残念です。根拠がないだけに。真鍋さんはそうじゃないんだと思います。そういう思い出を脳がとっておけるっていうことは、人間が好きなんだと思います。

ひとりでいたいなあと思うこともありますけどね。だいたい、なんで結婚したんだろう。なんだかんだいって奥底では人が好きなのかもしれません。

この絵、読者プレゼントの絵はがきにしましたけど、本気でそう思っているんです、私。

私も、一年生の時の担任ではつまずいたけど、親はずっと私を信頼して学校と一緒になってがんがん言ったわけじゃな

かったし、友だち関係については干渉されたけど、そのあとの学校生活はおおむね満足できました。

小学校より中学、中学より高校、高校より大学、大学より大学院とだんだんラクになります。友だちとつきあえだのなんだの、ひとりでいようが何も言われなくなります。

学校の中、クラスの中で内向きに友だち作れと言われるのは小学校、中学校まで。逆に高校、大学と上がるにつれて、自分の力で生きるためのチャンスを求めて、いかに学校の外へと跳躍できるかが「社会の中で生きる」ための鍵になると思います。教育大を卒業する時に四年間の成績表を眺めながら、しみじみ実感したことです。

今悩んでいる人に、それを知っておいてもらいたいですね。

本日はありがとうございました。

5

友だちほしい人もほしくない人も

それぞれ幸せになれます

愛甲修子
（臨床心理士・言語聴覚士）

「友だちいらない」は順調な生育のサイン

浅見　愛甲さん、『自閉っ子のための道徳入門』『脳みそラクラクセラピー』に続き、今回もご登場ありがとうございます。

今回は『自閉っ子のための友だち入門』という本を企画しました。まず中田大地君の先生である栗林先生の話を聞いて、ニキさん、藤家さんのふたりの自閉の人に「友だち観の変遷」をテーマに一文を書いてもらいました。お二方とも、たしかに自閉にまつわる発達のデコボコから小さいときは友だちができにくかったそうですが、だんだん友だちができるようになった経験をされていますのでね。それからもうお一方、今は研究職に就かれている成人の自閉症スペクトラムの方にインタビューしました。そうやって成人になった方たちの、友だち観の変遷を学ぼうと思ったのです。

ところがですね、本の目的の一つは「お友だちがほしいのにできない人にどうすればいいか」を探ることだったのに、三人が三人とも「友だちいらなかった」というのです。

愛甲　ああそれは、発達障害の人としては無事に成長してきた方たちでしょうね。

あらら、どうしてそう思われるのでしょう？

発達障害があるということは愛着形成が遅れます。そして愛着形成が遅れるということは人間関係の成長も、友だち関係まで行き着かない人が多いんですね。

そうか。

そうなんです。だからほしくても作れない。時々、発達デコボコでも友だちづくりが得意な子もいますが、多くの場合はうまくいかないです。けれども本人は友だちがほしいとすごく思っていて、お母さんなんかからも友だち作りなさいと言われると、どうにか頑張るんです。友だちほしいから頑張る。でも周りの子たちからすると関係発達が違う子なので。

浮いている子に見えるんですね。周囲からは。

そう。一緒に遊んでいても楽しくないんです。一緒に遊んでいて楽しいのは、同じような発達段階にいる子ですから。

ああ、そういえば栗林先生も、発達段階が同じような子とくっつくって言ってましたね。

そういう子の方が安心できて、安全感が感じられて、遊んでいて楽しいんです。そうじゃないと友だちとは言えないというか、友だちになる必要もありません。
だから、「友だちは別にいらないや」と思えるような、ひとりでいられる勇気を持っている人は、無理をしないで生きていける人なんです。

無理をしないで生きていく、かあ。なるほど。
はっきりと「友だちいらないや」と自覚していなくても、なんとなくいなくても悲しくない、っていう人は多そうですね。そういう子は、周囲から見ると変わっているように見えるけど、でも本人は幸せかもしれないんだ。

ひょっとしたらほしかったかもしれないけど、そっちに無理にエネルギーを使うと消耗してしまうでしょ。結局、無理して友だちを作るということは、すごく苦手なことをやってるわけですから。余計なエネルギーを使っていることになるんですよ。

じゃあ友だちいらない人は、それを使わずにやってこられた人なわけですね。

その分、そのときそのときで発達段階や興味に応じた等身大の努力にエネルギーが回るわけですね。

はい。友だちを無理に作ろうとしない人の方が、将来大きい仕事ができると聞いたことがあります。何か大好きな道を見つけて、そちらにエネルギーをいっぱい注げた人たちなのかもしれませんね。

なるほど。

もちろん、友だちを作ってはいけないというわけではありません。でも友だち作りに限らず、すごく苦手なことを周囲も本人もがむしゃらにがんばるとつぶれます。

「友だちいなくていいよ」という言葉で安心できる

けれどもどういう子であっても一律に、学校の先生は友だち作らせたがるでしょ。その点、栗林先生は、「別に作らなくていいんじゃない」という方針なんですよね。

それを言ってもらうと安心できますよね。

子どもの発達ということを考えると、デコボコがある子でも十歳くらいまでは普通に遊べてしまうかもしれません。でも思春期になってくると、普通に発達している人は、自分と同じような価値観を持っていたり、自分と合う人を求めてくるので、そこからあぶれると、友だちほしいというエネルギーが空回りしていく傾向があります。まだ仲間関係を作るところまでの発達段階に達していないので、周りからすると変な子になってしまいますよね。

なんか変だなと思われているのにくっついていくといじめられますよね。そういう体験はすごくよく聞くんです。くっついていかなかったらいじめられないんじゃないかと思ったり。

そのあたりは、先生方の中でも気づかれている方は少ないと思います。親御さんもそうでしょう。

じゃあ学校の先生とか親御さんの立場としては、関係の発達が遅れていることを加味して、友だち作れ作れと言わない方がいいのですか？

そうだと思います。ただ学校ってお勉強が評価の対象なので、勉強ができる子はお友だちもいて当然だと思われてしまうでしょう。

ああ、そういうケースありました。この本に登場してくださった真鍋さんのことですが。

読みました。やはり関係発達が同じくらいの人と仲良くなるんですよね。

そういうことなんですね。それを見て先生たちは変な突っ込みするんですね。

周囲は成績とか、運動の得意不得意とか、そういう見えるところでしか判断できないでしょ。

でもそれと関係発達は別だから、そちらの発達が遅れている子は遅れている子同士で楽しいんですね、きっと。

そうですね。関係性の発達って、勉強の成績では把握できないので。

なんかこの本に登場くださる方の体験が、すべてつながっていく感じです。

それでも友だちほしい人にはどういう発達援助をするか？

それでもなお、カウンセリングの場には友だちほしい人もくるでしょ？そういう人にはどういう風に介入しているんですか？

そうですね。傾聴するといった形のカウンセリングよりも、具体的にどうしたらよいか一緒に考えていく方が多いですね。でも、なかなかうまくいかないことが多くて。たとえば、どうしても友だちほしくて変なことをしてしまう人もいます。

どんなことですか？

たとえば、女の子の椅子を引いてけがさせたり。

意地悪をして気を引くというやつですか？

意地悪ではなくて、自分に注目してほしいんですよね。仲良くしてほしいんです。でもそういうことってよくないでしょ。友だちになりたかったのにかえって嫌われるでしょ。

でもそれが社会性の障害ですよね。注目を引きたいんだけど、よい引き方がわからないというか。

深刻なケースもありました。学校をやめざるを得なかったり、学校に出てこられなくなったり。友だちを作ろうというエネルギーが、あまりにも空回りして。あるいは空回りが問題行動になって、学校に来るなと言われたケースもあります。あと、挨拶をしろといわれていたので挨拶をしていたんだけど、ものすごく大きな声で挨拶するから迷惑がられたり。

よく聞きますね。

そういうことすると、どうしてもいやがられてしまうでしょう。でも本人は気づかない。お友だちほしいから必死なんです。なのに結局、居場所がなくなってしまう。

そういう人には周りはどういう介入をするんですか？

具体的に「そんな大きな声を出すと周りがびっくりするから普通の声で」、とか言ってくださる先生もいたりしましたけど、それだけでなくてもっと細々とした当たり前の日常生活がどうも送れていないんですね。

当たり前の日常生活って？

たとえば自分が興味のある電車の話を相手が興味を持っていようといまいとおかまいなしにしたり、他の人たちが笑っている時に笑わないで誰も笑わない時にひとりで笑ったり、冗談がわからなくて怒ってしまって周囲から白い目で見られたり。

カウンセラーとしてはどういう対応をするか

大きな声出しちゃダメとかそういうことは当然学校や家庭で教えてもらうべきだと思いますが、カウンセラーとしての愛甲さんはどう支援するんですか？

そうですね、そういう方の場合って、カウンセリングが失敗することもあります。

失敗するとは？

カウンセリングが一、二回で途切れたりします。

続く人にはカウンセリングって効果がありますか？

はい。「困れるように」なれば一、二回でも効果はあります。続く人には効果がありま す。ものすごい内気だったのに授業中でも発表したりするようになったりします。

内気で人にかかわれなかった人が、かかわれるようになるってなぜですか？ 何かのきっかけで、感情の蓋が取れたんでしょうか。だとするとその感情の蓋ってどうやって取れるんですか？

好きなものを見つけて、コンテストに出たりするようになると、周囲からの評価が上がり、本人も生きがいが見つかって生き生きとなるんですよね。そしてそういう子って、友だちが別にいらないみたい。

いらないのか。

それがいいのかもしれませんね。

表現することに興味があって、そのアウトレットが見つかるといいのかな。

そうかもしれません。別人のようにしゃべるようになりますよ。得意なことが見つかると。

そしてやりとりも生じるでしょう。得意分野で一目置かれると、人とのかかわりも生じてきますよね。

そして将来の希望もはっきりしてきます。

カウンセリングに失敗した人との違いは、なんなんでしょうか?

本人に選んだり決めたりする力があるかないかですね。

得意なことを見つけるっていうことはそもそも決めたり選んだりする力ですね。

カウンセリングに行くということは、相談したいことが選べているということですし。カウンセリングに失敗した子たちは、そもそも何に困っていて何を相談したいかということを選べていないので、カウンセリング行く必要性を感じていないですね。

親とか先生が決めて「行きなさい」と言われて来ています。そして渋々来ていたけれども、結局来なくなりますね。

けれども、中にはカウンセリングを続けた結果、「やはりどうしてもこの学校は合わない」と自ら決断して転校して、その後うまくいって大学に行ったりする子もいます。自己決定力がついたんですね。

選ぶ力をつけるカウンセリングとは？

選ぶ力がつくまで、どういう介入を愛甲さんはしたんですか？

ご本人の得意なことをカウンセリング中一緒に楽しみました。彼女の場合は生き物に関してとても詳しかったんですけど、そういう話をしたり。私にとってはそれほど詳しい分野でなくても、彼女の話を聴かせてもらって、いろいろ学ばせてもらいました。

一方的ではなく。

はい。私にとっても彼女にとっても有意義な時間になっていたと思います。

じゃあ一方的なやりとりではなく会話は成立していたんですね。

はい。必要性を感じて来てくれていました。家族みんなで来てくれたり。先生方も来てくれたり。それでも学校が合わないので転校していきました。

関係性の発達をどうアセスメントするか？

じゃあたとえば今友だちがほしいんですという発達デコボコの人が愛甲さんの目の前にきたとします。そうしたらまず何を見ますか？

そうですね。いつ頃からお友だちがいないのかを聞きます。それから今どういうことに興味をもっていて、小さい頃どういうことをして遊んでいたかもききます。それで、もしお友だちと遊べていたということがわかったら、お友だちに興味があって、今も友だちづくりが可能なのかもしれない、と考えます。

発達デコボコがあると一口に言ってもそれぞれ違います。小さい頃にひとり遊びが好きだったか、集団遊びが好きだったか。友だちがひとりもいなかったか、友だちがたくさんいたか。それも判断材料にします。ずっとひとりでいた子が来て、お友だちがほしいといっても、まあそれほどあわてなくていいといって、通ってきてもらって一緒に過ごします。

そしてまず愛甲さんと関係を作るんですね。

はい。まず二者関係を大切にします。二者関係とは、母子関係みたいなものと考えていただくといいと思います。これが人間関係の基盤なので、安心できる時間と空間が保証される中で、一対一の関係が構築できるようにします。

ある程度友だちができそうな感じのところまできている子であれば、クラスメイトとのことを話題にして、その時どういう気持ちがしたの？　とか聞くかもしれません。すでにクラスには人がいるわけですから。
「自分の感情がわからない」とカウンセリングにやってきた子もいました。カウンセリングを通じて、だんだん自分の身体の感覚がわかるようになって、泣いたり笑ったりできるようになり感情が出てきました。そうなると、お友だちもひとりできました。
あと今だと、ネットゲーム友だちをきっかけに人づきあいを覚えていく人もいます。

ネット友だちは、練習になっているんでしょうか？

文字ではなく、スクリーンで顔を見ながら話しているらしいんですけど、練習になるのかもしれませんね。目の前のスクリーンは生の人間ではないけれども、相手の雰囲気は伝わってきますので。

でも生身では相手を感じないですよね。三次元ではありませんよね。

でもいないよりはいたほうがいいのでしょうね。ひとりでいいから、現実にかかわっていける人ができると変わりますね。でもあわててはいけない。

あわててはいけないっていうのがキーワードだなあ。

人それぞれ関係発達はスピードも違うし、年齢とは関係ありません。大人になってもまだ未熟な人もいっぱいいるし。そこはあわててはいけませんね。

あわててはいけないし、あわてさせてはいけないですね。

友だち作りへの過信？

これはある場所で発表したんですけど、各国で「なんのために大学に行きたいか」と調査をしたところ、日本で一番多かったのは「友だちを作りたい」だったそうです。

へえ。友だち作り圧力って相当強いのかな今は。だからできない子は劣等感を感じていくのかな。

第三次産業が主になっているから、社会全体がコミュニケーション能力とか人間関係の力を求めているので、劣等感を生じやすい時代だと思います。

そのせいか、みんなあまり自分の意見って表さないですね。表さないのか持っていないのかわかりませんが。あまり自分の頭で考えなくて、受け売りでコミュニケーションしている感じ。そしてお互いあまり突っ込まないで、なあなあですますコミュニケーションが今はやりなのかなと思います。

嫌われてはいけないので、反対意見を言わないですね。今が悪いわけじゃなくて、そういう文化。

でも一方で、それってこれからの時代に合ってるのかな？　っていうのが疑問なんです。第三次産業が主になってくるのは確かなんですけど、時代がシビアになってきて、「良好な人間関係を保っていたら仕事回してもらえる」とか、そういうのは通用しなくなっているんです。だからそのあたり、現実と人々の意識の間にすごく乖離があるような気がしているんですよね。そもそもコミュニケーション能力って定義がはっきりしないじゃないですか。

ミクロの部分では反対意見を言わないとかが大事なのかもしれないけど、じゃあ世の中に出てどういう人がうまく渡っていくかっていうと、何かに秀でている人なんですよ。秀でていると人は集まってくるし。そうすると人間関係にもびくびくしなくていいし。でも秀でている人になるには、ある程度人と違った道も選ばないといけないし。あ、だから友だちづくりに汲々とせず我が道をゆける人は強いのか！

それに気づくといいんですけれど、劣等感が肥大化していると難しいですね。

劣等感が肥大しているって？

たとえば、「友だちがいない子はダメな子だ」と小さな頃から教わってきた人は、もしお友だちがなかなかできない場合は、「友だちができない自分はダメな人間だ」といった劣等感に苛まれるようになります。そこに発達デコボコ特性のボコ特性が追い打ちをかけて、「〇〇ができない自分はダメな人間だ」といった劣等感がさらに重なり劣等感が肥大化していくことになります。

友だちいないことと、いじめられること

それと先ほど、自分で選ぶことができるって強いっていう話が出ましたが、自分で決めていいという経験をあまりしないですよね、子どもって。

だから自分はそこまで価値がないと思ってしまいますね。でも自主性とか、自分で選ぶことを身につけていかないと、人生は豊かにならない。お友だちがいなくても豊かな人生を歩む人はいるし、そうすると自然と人は集まってきますものね。

そうですね。

でも先生方もお友だちいないと心配するし。

心配しますね。

あといじめたりいじめられたりの関係でもいないよりはいいと思っていますね、先生たち。

そうなのか。栗林先生は、喧嘩はしてもいいけどいじめはだめっておっしゃっています。でも片方にとってはいじめだけど片方にとっては喧嘩のことがあるから、そういうときはそれを交通整理するんだとおっしゃっていました。

最近は、加害者側は遊びなんだけれど、被害者側からするといじめというのも多いような気がします。ゲーム感覚で。

友だちをほしがらないことは、勇気のあること

友だちが別にほしくなかったたっていうのは、原寸大の自分をきちんとつかんでいたということですね。

それと、勇気があるということです。

勇気？　どういう風に。

大人の価値観は「友だちはいないといけない」という価値観でしょう。その中で、ひとりでやってこられるというのは相当勇気がないと難しいと思います。

なるほど。私は親の言うことも教師の言うことも聞かない子だったけど、それは美しく言うと「勇気があった」んだ。

それでもお友だち作りたい人、子どもにお友だちがいてほしいお母さんがいるでしょう？　愛甲さんはそのとき、どう介入するんですか？　二者関係が大事だったら、うちの子友だちがいなくて心配だわ、っていうお母さんがいたら、まずはお母さんと遊んでいればいいんですか？

そうですね。親御さんと遊べることも大切ですね。でもお母さんじゃいけないところもあるんです。

なぜお母さんじゃいけないんですか？

母と子って赤ちゃん時代の密着関係に戻ることがあるんです。家庭内暴力は、その一つの表れです。つながりは大事ですが、ああいう状態になってはいけませんよね。だからお父さんやきょうだいとの遊びも大切になります。それから学校の先生やカウンセラーの役割は「他人」です。距離感が持てるという意味で、家族以外の人とかかわるのは大事です。

よく、ヘルパーさんと外出などしている方も多いですけれど、そういうのもいいんですね。

そういう活動には、意味があります。他人が入るということは二者関係から世界が広がっていきますから、そのためにはとても重要です。ただまだ赤ちゃんの状態で、愛着の基盤がしっかりとできて基本的信頼感が育っていないとお母さんからなかなか離れられないので、そこは様子を見ながらやったほうがいいと思いますが。

まずお母さんとの関係を作って、大丈夫そうだったら、ヘルパーさんに一緒にどこかに行ってもらうとか。それもみんな違うので、あせってはいけません。周囲がこうだから、とまねをしてはいけません。

関係性がどこまで発達しているか身体から見抜く

自分の子どもの知的発達でもなく、身体的な発達でもなく、関係形成の発達がどの段階にあるかで見極めなくてはいけないんですね。それはどうやって見積もりますか？

実は身体の方から見えやすいのです。

どういう風に？

表情とか。とても楽しそうに身体が動いているとか、あるいは手をつないだときに身体がいやがっているとか。見えるものです。

たとえば愛甲さんが手をつなごうとしたときに、びくっと逃げる子と、あっけらかんと握ってくる子とではもう違うわけですね。

はい。信頼感が違います。

愛甲さん特定じゃなくて一般的な他人に対してですか。

そうです。関係発達って見えないように思うけどよく見たら見えているんです。そこで関係発達が遅れているのが見えたら、集団には無理に入れません。お友だちを作らせようと思ってサッカーチームなどに入れる親御さんもいますが、小さいときに集団競技に無理矢理入れても心の傷になります。

早すぎたり向いていなかったりするわけですね。

はい。集団競技に向いているお子さんだったらいいのですが、発達デコボコタイプのお子さんの場合は、テニスとか卓球といった一対一でできる競技とかひとりでできる競技の方が健康にはよい場合が多いようです。

ああ、不登校児集めて卓球ばかりやっている先生にも会ったことあります。卓球やってるとそのうち登校始めるらしいです。

それはすごくいい活動ですね。卓球というのはコミュニケーションだから。やりとりだから。あれはすごくいいですね。スポーツもどんどんやるといいます。けれども、合っているものを選ぶのが大事ですね。はやっているからってみんながサッカーとかみんなが野球とかじゃなくて。

それでも、現実的に機会に恵まれるかどうかもあるし、たとえばお父さんにくっついてお父さんと同じことやったりしてもいいんですよね。水泳とか。

水泳はいいですよ。全身運動だし。感覚過敏がある子は、おなかに戻りたいんですよね。そういう子には水はいいです。

もぐりたがる人多いみたいですけど。

そうでしょうね。そうするととても安定します。『脳みそラクラクセラピー』の中でも少し触れたように、母の胎内に戻るような、入浴や水泳のような体験って落ち着きます。
不思議なことに、セラピーやっていると、子どもの方から自然に関係発達段階で必要な遊びをやってくれるんですよね。

自分に適した遊びを？

自分がやり残してきた関係発達の段階の遊びを、自主的にやってくれるんです。

ああ、それはやってくれるでしょうね。

そうなんです。自分でやってくれます。みんなやってくれます。

たとえば？

重い子はおなかの中まで戻ります。そうじゃなくてちょっと、たとえばお友だちがいなくてさみしい、くらいの子は、三、四歳くらいまで戻ります。スクイッグルとかの遊びがいいかもしれません。

なんですか？　それ。

最初、ひとりの人がひと筆描きで直線か曲線を一本だけ描きます。その線を使ってもうひとりが絵にします。次は交代して、ひとりが線を一本描きます。その線を使ってもうひとりが絵にします。そして最後にそれらの絵を使って物語を作るといったような遊びです。

交流ですね。相互作用ですね。

この遊びは、子どもでも大人でも楽しみながらできるのでおすすめです。物語づくりが読み聞かせにもなるし、もし子どもの方で物語を作った場合は、こころの表現にもなりますし。関係発達が促されるんですね。

たたたたた、と発達が起きるんですか。

部屋から出ると元に戻ります。部屋を出たら普通。子どもにとって、部屋の中はイメージで容易に変化する守られた安全な空間ですので、退行しても大丈夫なのです。部屋の外は現実の厳しい世界ですので、そこでは赤ちゃんではいられませんので。

部屋を出たら普通って？

もとの彼女です。

でも関係性は発達していくんですね。

そうです。穴が温かいもので埋まっていく感じ。

なるほど。空いてた穴がセラピーで埋まっていくのか。

表情などの雰囲気も変わるし。

それで友だちも寄ってくるんだ。友だちは作るものじゃなくてできるものだっていうのは、そういうことなんだ。

そういうことみたいですね。

他にも、よくなった方がいたら教えてください。友だちほしい人誰か他にいましたか？

ある意味、友だちほしい人は失敗しているんですよね。小学生でいじめにあって、それにやり返すんですけど。過激な言葉でやり返したり暴れたりした子がいました。その子は、友だちがほしくてほしくて、でもできませんでしたね。不登校にもなって。

そういう状況でほしかったのは友だちじゃないんじゃないのかな。自己評価の話として、味方がほしかったんじゃないのかな。人類全員に嫌われているわけじゃないと確認したかったんじゃないのかな。「君は悪くないんだよ」って誰かに言われたかったんじゃないかな。

ああ、味方は誰もいませんでしたね。関係発達が赤ちゃんのままだと、友だちは赤ちゃんではないので、同じクラスには絶対にいないわけです。でも本人は気づいていないし周りも気づいていない。お勉強ができたりすると、誰も気づかないんですね。そして学校には来られなくなりましたね。居場所がなくなって。

今聞いて、その子がほしかったのは誰か自分を好きになってくれる人だと感じました。友だちというより。親御さんはどうだったんですか？

普通にしたいという気持ちが強い親御さんでしたね。友だち作りなさいと言っていました。

そうでしょう。だからつらいと思います。たとえ他の人が嫌いでも、親が「あなたが好きよ」って言ってくれたらまだよかったと思います。

そういえば、今ひらめきました。小学校のときから友だち別にいらないと言って、変人枠で生きていくと決めていた子は、順調に大学行ってますね。その差に今気づきました。

その差は何かっていうと、親御さんに強烈に普通の子にしたい気持ちがあったかどうかです。

多少変な子でも友だちいなくても「あんた友だちいないけどママは好きよ」っていうだけで、ひとりは味方がいるってわかりますよね、世の中に。

本当に。

われわれは友だちっていったって、一から十まで好きなわけじゃないです。全人的な理解じゃなきゃいけない、全人的にかかわらなきゃいけないという誤解をしていたら、友だちなんてひとりもできませんよね。でもそういう誤解があるから友だちできなかったり、逆にできたら好かれてるから何をやってもいいという誤解をしてしまうんじゃないのかな。

全人的にかかわりたいというのは、お母さん代わりを探しているんです。

あ、そうかなるほど。

かかわり方の資質

そういえば、私が絶対に入っていけない集団があります。決まり文句の応酬で成り立つ会話を交わしている集団です。すごく気持ち悪いんです。どうしてもそこには入れない。それが私の発達の遅れなのか発達の偏りなのかわかりませんけど気持ち悪いです。

浅見さんには無理ですね。

なんでですか？

そういう子もいますよ。それがいやで女性だけど理系の学校選んだり。

ああ、女づきあい、ものすごく苦手です。なのに語学系の仕事を選んでしまったので、若い頃はそれで苦労しました。それがない世界はラクだろうなあ。

一つは農村文化の影響ですよ。みんなで田んぼ作ってるのに、ひとりだけ変なこと言い出したらお米ができないでしょ。

ああ、なるほど。時々、誰かと飲み食いして盛り上がることが仕事だと思っている人がいて不思議なんですけど、あれは田植えの前のムラの寄り合いなのか。そう考えれば、理解できます。

浅見さんのルーツとか遺伝子が、たぶん違うんじゃないかな。

ああ、私は自分の父祖の地に行ったときに、ここでは田んぼ作りが主ではなかっただろうなと思いました。たぶんイノシシとかとってきて暮らしてたと思います。

団体で動かずひとりで動く遺伝子なのかもしれません。

なるほど。納得です。それも資質なんだな。

遺伝子的に決まっているんですよ。「イヤ」というレベルじゃないんです。浅見さんには「無理」なんです。

ああ、無理なのか。じゃあ、クリシェ（決まり文句）を交わしてコミュニケーションしているつもりになっている人たちのことは、遠巻きにして見ていていいんだ。とてもできないや、と思って。

その人たちから見ると、きっと浅見さんが変な人でしょう。理解できない人でしょう。

そうでしょうね。

それくらい違いはあります。

そういえば、同じ女性でも私の母は女性づきあいできる人で、できない私が不思議だったみたいです。でも私は親の言うこと聞かなかったから、だからつぶれなかったのかもしれません。無理して母親と同じようにしようとしていたらつぶれていたかもしれません。

最近「毒親」とかいう話よく聞くんですけど、親に振り回されるってつらかっただろうなあと同情はしても、まったく感情移入できないんですよね。親がいやなら反抗すればいいだけ、とか思って。

症状出す人は、だいたいいい子ですからね。みんなとは言わないけど。反抗できないから。

私は女性同士がわいわいやる文化になじめなくて、たぶん社宅とか住んだらだめなタイプだと思います。でも母はそういうのちゃんとこなせる人です。母は私のできないこといっぱいやれて、人として敬意は持っているけど目標ではないというか。そういう距離感だと、別に親と違う文化を持っていることが悪いことではないんですよね。

じゃあお母様が相当苦労したでしょうね。浅見さんが理解できなくて。

だと思います。どの遺伝子が出るかによって、親子でも文化が違いますからね。でもそのへんの突っ込みが、自閉っ子は苦手かなと思います。友だちいらない子の親が、友だちできてほしいと望んでいるとつらいでしょうね。

発達デコボコの子は過敏ですから、親がいくら口で「友だちなんて作らなくていいわよ」と言ってもそれが強がりだったら見抜きます。見抜いて親の意図に沿おうとします。そうなったらつらいですよ。

親の方に「この子は違う文化の中で生きていく」という割り切りがあると子どももラクですね。母親が井戸端会議平気な人でも、娘は井戸端会議嫌いな女子かもしれないし、だったら井戸端会議しなくていい世界を選んで生きて行けばいいし。

お友だちができた人たち

あ、そうそう。何人か思い出しました。お友だちがほしいタイプでうまくいった例。

教えてください。

大学時代ひとりもお友だちができず、卒業後にアスペルガーと診断された方がいました。〝友だち〟がほしいという相談をずっと受けていましたが、当時、大学教員だった私としては彼を見守ることしかできませんでした。周囲は温かく接してくれてはいましたが、彼と友だちになれる学生はひとりもいませんでした。

大学卒業後、彼は就職しましたが、会社の電話にでられなかったり、周囲の人たちとズレた対応をし続けたことから、会社を解雇されてしまいました。その後、病院で発達障害の診断を受け、障害者枠で就労しました。新しい職場は彼に合っていたようで楽しいそうです。発達障害のある人たちとお友だちになったということで報告がありました。趣味が似ていて、話が合うということでした。彼に関しては、今でも定期的に相談にのっています。

発達障害の診断が出て、自分を受け入れて、就労先で趣味が合うお友だちができたんですね。いいお話です。

もうひとりは、大好きな漫画を描き続けることで、お友だちがいない寂しさを埋めていた小学六年生の女の子です。

五年生の時に、それまでひとりだけいたお友だちが他の女子グループに入ったことからひとりぼっちになってしまいました。

小学校を卒業するまで、定期的に相談室に来てもらって、漫画を描いてもらって話をしたり、それまで描いた作品を見せてもらったりして一緒に過ごしました。

彼女から卒業後、連絡があって会うことになりました。中学でお友だちが数人できたということでした。

彼女は、繊細な芸術家肌の女の子です。女の子たちは小学四年生頃から女子グループを作るようになります。トイレに行くのも一緒、遊ぶのも一緒といったグループです。彼女はそういった女子グループが肌に合わず、結局ひとりぼっちになっていました。

漫画で自分の気持ちを表現し、作品を共有してもらえる他者との時間と空間とが保証されることで、女子グループに入らなくてもひとりでもやっていけるのだということに気づいていったのでしょう。

そのことに気づけるようになったことで、中学入学後、個で生きる方が生きやすいタイプのお友だちが近づいてきて、自然とお友だちができていったのだろうと思います。


無理して女子グループに加わらず、好きな道を追求して変人枠に入ったわけですね。これもいいやり方だと思います。

あとひとりは、ペットを飼うことでお友だちがいない寂しさを埋めることができた中学生もいました。
ちょっとしたいじめの加害者となってしまったんですけど、ご本人に子犬を飼いたいという気持ちがあって、お母さんが子犬を買ってくれたことで、寂しさが埋められて、安定していきました。

ペットとの関係もいい練習になるんですね。かわいがったり、慕ってくれたり。

大人になったら友だちができる？

あと、大人になったら友だちできた、と語る人も多いです。それはなぜですか？

大人になってもできない人もいますよね。

いますか。どこが違うんだろう。

神田橋先生の言葉で言えば、その人の資質が輝いているかどうかではないでしょうか。発達障害者の多くがパーソナリティの問題を抱えていますが、それは子どものままで、まだ資質が輝いていない状態なんですね。

身体の感覚がつかめるようになって、思い出などの感情記憶が乳幼児期からしっかりとつながってくると内側から魅力が出てくるので、友だちをとくにほしがらなくても人は集まってきますね。二次障害や三次障害が治ることで、一次特性やゼロ次特性がその人の長所（強み）となって、人の役に立つことができるようになるんです。

そして、友だちは自然にできます。あるいはかつて親しかった人を思い出してまたつながったり。大人になって、その人がお友だちができる発達段階まできたということだと思います。

なるほど。

たとえば非行のグループとか、かたまっていますけど、友だちではないですよね。共同体としては成り立っているけど、信頼関係で成り立ってないから。お友だちというのは、お互いを信頼できる人でしょう。それができるということは、信頼に足る自分ができたということですね。

大変厳しいかもしれませんけど、それが現実ですね。

遅れていた関係発達が友だちできる段階にまで達し、人間的にある程度魅力ができて、全人的なつながりではなくても心が満たされるくらい自立したとき、お友だちができるようになるのでしょうね。

そのための近道は、「友だち作りたい」と無理して画策することではなく、自分の資質を見つけて磨くこと。

大変参考になるお話をありがとうございました。

6

あとがきに代えて

自分の社会性を棚卸ししてみる

浅見淳子
（編集者）

本書の編集を終えて

さて、『自閉っ子のための友だち入門』はお楽しみいただけたでしょうか。

藤家寛子さん、ニキ・リンコさん、愛甲修子さんといったおなじみの著者の皆さんから、中田大地君の師匠である栗林先生、そして花風社の本に新たに登場していただいた真鍋祐子さん、いずれの方にも学ぶことの多い時間をいただきました。まずはあとがきらしく、私が五人の方々からどういうことを教えていただいたか、さっと振り返ってみましょう。

まず、ちゅん平さんこと藤家寛子さんのエッセイ。何より衝撃だったのは、嫌われる＝殺される、という「俺ルール」を藤家さんが持っていたことでした。そして思い出したのです。たしかに以前藤家さんは、異様に嫌われることを恐れていた時期があったことを。

作家として本を出すようになって注目を浴び、不特定多数の人たちから攻撃されることに過敏な時期があっただけではありません。たとえば私とでも、話をしていてたまたま意見の違うことがあると、あわてて自分も意見を修正して私に合わせるような、そういうちょっと痛々しいほど周囲に適応しようとしていたところがありました。「何から何まで意見を同じくすることないのに」「無理してこちらに合わせなくてもいいのに」と何度思ったかわかりません。けれども健康になり、不安が改善してきたのに伴って、そういう過剰で無駄な適応努力をせず、もっと自然体で人とかかわれるようになってきたのが今回のエッセイでよくわかります。今の藤家さんは、本当に人と人との間に生きることを楽しんでいらっしゃると思います。

そして栗林先生。特別支援教育の担当になってもちゃんと勉強してくれる教師がいない、いや、勉強しても目の前の子どもに上手に適用できる人がいない、という保護者の不満が多い中、どうして栗林先生は軽やかに（と私の目には見えます。実際には努力の賜なのでしょうが）専門性を身につけ、それを現場で駆使していらっしゃるのだろうと、その秘密を探るのが今回の本の目的ではありました。そしてわかったのは、根幹に「目の前の子どもをラクにしたい」という思想があることでした。何かの方法の正しさや優位性を証明するために勉強する先生はそれなりにいます。けれども栗林先生の勉強は「目の前の子どもの抱えている問題を解決すること」に徹しているのです。それを見事に表す「着るかもしれない服は買わない」という名言には笑いました。思えば、専門性とは柔軟性の裏打ちがないと現場で活きないものなのでしょう。

次にニキさんのエッセイ。これは大笑いしました。「友だち（同級生）は教室の備品」というニキさんの名言は、今では自閉っ子の不思議な認知を表すエピソードとして広く知られるようになりましたが、備品だった友だちが「作りなさい」という周囲からのプレッシャーによって「提出しなければいけない宿題」みたいなものに変わっていき、だからこそ「難易度の高い」人への傍目からは理解不能な挑戦につながり……というのは、不可思議な自閉の人の社会での振る舞いをよく説明していて、納得のいくものでした。

もっともそういうニキさんも、今は自分なりの人間関係を築いて幸せに暮らしています。自分の社会性の棚卸しをして、そして世の中と折り合いをつけたのだと思います。

そういえばニキさんと私のビジネスパートナーとしてのおつきあいもずいぶん長くなりました。私たち二人はまったく、気質も違えば趣味志向も違います。人間としての質感がおよそ重ならない二人です。普通に考えればうまくいくとは思えない私たちがなぜ喧嘩もせずそれなりにやってこられたか常々不思議だったのですが、それはニキさんの多大な努力に支えられている部分があるのだなと、改めてニキさんに感謝したくなりました。

私がニキさんを理解するだけではうまくいかなかったでしょう。ニキさんも私という人間をよく理解してくれているのです。とは言っても、全人的な理解ではありません。ニキさんが私を全人的に理解するのはたぶん無理です。それくらい、私たちは違います。けれども「こうすれば関係破綻せずにやっていける」という仕事で必要な理解ならば、ニキさんは世の中でも有数の私の理解者です。そして、社会人対社会人としてつきあうには、それでじゅうぶんなのです。

そして、真鍋祐子さん。最初にお会いしたのは、とある都内のカフェでした。ASD当事者で大学教授で……という予備知識だけ持ってお会いすることになり、カフェで後ろ姿を見て「ああ、あそこにASDの方がいらっしゃる。あの方だな」と思いました。そしてお話を伺ううちに、自閉の特性で苦しんできた面もあるのかもしれないけど、でも自閉症の美しい面が出ている方であり、だからこそ着実に社会で自分の居場所を作っていらしたのだろうと納得できました。

そして今回改めてお話を伺って強く感じたのは、ご本人もさることながら、要所要所で必要な知恵を授ける親御さんの適切な判断です。臆病ではない親、子どもの資質を見抜き適切な挑戦をさせられる能力の親は、ASDの方にとって財産だなあと思いました。

そして最後に愛甲さん。愛甲さんと過ごす時間は、本当に心地よく流れていきます。今回も愛甲さんとのお仕事を通じ、「社会性」という面で自分の資質の棚卸しをすることができました。決まり文句を交わして成り立っている集団になじめない、という思いを抱いてきたのですが、「浅見さんには苦手というより無理」と断定していただいたことで、目の前がぱっと開けるほどの爽快感を感じました。

そこで今度の本作りを通じて学んだことを元に、自分の社会性を棚卸ししてみたいと思います。私自身の社会性に関して、興味のある方は少ないかもしれません。けれども「社会性」とか「社交性」について通り一遍の考え方をして「自分は友だちできない。ダメな人間だ」と決めつけるのではなく、自分の強い点、弱い点を棚卸ししてみることを提言してみたいと思います。

自分がどういうかたちでなら人とかかわり、人と共存していけるのか。どういうかたちの社会参加なら得意なのか。それを考えてみたひとりの人間の思考プロセスを、披露したいと思います。

私の社会性を棚卸ししてみる

今回愛甲さんとのお話の中で、日本の大学生が「友だちを作ること」に大学生活の重きを置いているというお話が出ました。

聞くところによると大学側も、新入生用にSNSを作るといったような試みを始めていたりするようです。誰も知っている人がいない大学に入ってきた大学生が話す人もできず、寂しくなってやめてしまうとか、そういうケースを減らそうという試みの一環ですね。同じ高校から何人も同じ大学に進学する人にはとりあえず知っている学生がいますが、そういう仲間が最初はいない学生もいます。その人たちが「友だちがいないがゆえの不登校→中退」に陥らないような予防策を大学が採り始めているらしいです。

はて、と私は考えて、そして思い出しました。そういえば私も、高校から自分の入った大学に進学したのはその年たったひとりでした。けれども、寂しかった記憶はありません。孤独だった記憶もありません。最初はひとりでいたのでしょうが、気がついたらご飯を食べるときは誰かと一緒だったと思います。もっとも、ひとりでも気にせず、「便所飯」などせず、学食とかキャンパスのベンチとかで食べていたと思いますが。

つまり少なくとも若いときの自分は、見知らぬ人と友だちになるのがそれほど苦手ではなかったのだと思います。おそらく自然につるむ人を見つけるだけの社会性はあったのだと思います。

かといって私が、誰とでも仲良くなれるタイプだとは思いません。万人受けしないという点においては、自閉っ子であるニキさんや藤家さんよりむしろ私の方が度数が高いかもしれません。ニキさんの言葉を借りれば、「アクの強い人間」です。それでもどういうわけか、なんとなく受け入れてもらえる場所がいつもあった程度には運がよかったようです。

とくに目上の人とのつきあいで苦労したことはありませんでした。目上の人にはつねにかわいがられ、力を貸してもらいました。いつか恩返しをしようと思いつつ、ろくな恩返しもできないままここに至っていますので、せめて自分は自分より若い人には微力を貸したいといつも思っています。

とはいってももちろん、すべての年上の人が私のキャラを無条件で受け入れてくれたわけではありません。かなり口うるさく説教されることも多かったです。とくに「その性格だとソンをする」と言われることがとても多かったです。おそらく年長者から見て、ソンをすると思われるような性格だったのでしょう。そして私は、年上の人の説教を素直に聞いて採り入れるほど従順な人間ではありませんでした。

「その性格だとソンをする」という説教は嫌いでした。耳が痛いことを言われることではなく、損得でものを考えることを押しつけてくる「みみっちさ」みたいなものが嫌いでした。私に「ソンをする」と説く人たちは、別にトクをしているように見えませんでした。自分はたしかにソンをしていたのかもしれませんが、じゅうぶんに楽しく充実した日々を送っていました。これでソンなら別にソンでいいや、と割り切っていました。

なぜ「ソンをする」と言われたかというとたぶん、その場の大多数に合わせることができなかったからだと思います。集団というのは不思議なもので、たとえばAさんは悪い人だという共通認識ができあがると、その共通認識を確かめ合うことにより成り立っているところがあります。ところが私は、みんながAさんの悪口を言っている中、本当にAさんはそれほど悪い人かどうか改めて考えてしまい、その結果Aさんと仲良くすることを選んでしまうような人でした。つまり、共通認識をそのまま受け入れられないのです。

最近ようやく気づいたのですが、私はそういえば昔から、どっちかというとその場の大勢が言うようなことではなく「思いがけないこと」を言って驚かせてくれるような人が好きでした。誰もが言うようなことを口まねしている人に魅力は感じませんでした。そしてその性質のまま振る舞っていたのでしょう。その結果、「決まり切った情報を共有して仲間意識を保つ」集団への参加はへたくそで、そこの陳腐な論理には耐性がない一方で、「ちょっと変わったこと言う人」「ちょっと変わったことやる人」に対しては許容範囲が広く、ひとなつっこくなついていったようです。だからそういう人と仲良くなりました。そして気がついていない人が多いみたいですが、変わったことを言ったりやったりする人と仲良くするだけで、結構世の中は渡っていけるものです。

若き日に苦労したのは、同性の集団でした。なのに文学・語学系の仕事を選んでしまったために、職業の環境と関係性の特性がミスマッチを起こしていました。けれども起業して比較的つきあう人を自分で選べる環境になったことにより、この問題は知らず知らずのうちに解決していきました。

最近では若い頃のように、自分から縁を求めて名刺の束を持って歩くようなことはしなくなりましたが、今でも新しいご縁がしょっちゅうできます。そして人の縁と縁が、情報と情報が、企画と企画がつながっていく速度がぐっと速くなりました。これが年を取ることの大きなメリットなのかもしれません。

私は集団になじめない、なじもうとも思わない、とくに同性の集団でうまくいかなかったので、長い間自分が社交的な人間ではないと考えてきました。けれども実は、結構つきあいのいい人間であること、それなりに人の縁には恵まれていることにも気づいていました。そして今回五人の方々のお話を通じ、「社会性・社交性というのもそれぞれでいいのだ」と心から思うことができるようになりました。

ただそれが、学校にいる間は見えないと思います。

でも、「誰とでも仲良く」できなくても、その子には誰かと仲良くする力があるかもしれません。人間が嫌いにならなければ、いつかは仲良くなれる人と出会うチャンスがあります。社会性の発達に遅れがあるお子さんの周囲の人たちは、それをわかっておいていただけるといいなあと思います。

今後も私は、屈託なく「自分が正しいと思うこと」を追求し、実現に力を尽くそうと思います。その私を見て、考えの違う人は私を嫌うこともあるでしょう。敵に回る人もいるでしょう。でも信じる道を行く姿を見て、応援してくれる人、味方になってくれる人も必ず出てくるものです。

人前で偽りのない本当の気持ちを表して、それでもなお私に近づいてきてくれる人はおそらく志が同じ人です。あえてアクの強い私に近づいてくるのですから、心の広い人である確率も高そうです。

私を好きになる人は相当心が広い。その人たちとつきあっていると幸せ。私は今、そういう境地に達しました。ある意味省エネなやり方ですけど、これもアクの強い人間なりのサバイバル方法です。そして考えてみたらこの本に登場してくださった五人とも、(全人的にではなくても)、ある意味私を受け入れて近づいてきてくださった人たちですね。そうやってできたご縁です。

人と人とが出会い、心通わせていく方法は、人の数だけあっていい。人間が嫌いにならなければ、いつかきっと自分に合ったやり方で友だちができていく。だから、あわてないこと。焦らないこと。

本書に登場して下さった五人の方々が教えてくれたのは、そういうことだと思うのです。

著者紹介

藤家寛子（ふじいえ・ひろこ）
作家・販売員。
アスペルガー症候群と診断済み。

栗林先生（くりばやしせんせい）
小学校教諭・特別支援教育コーディネーター。

ニキ・リンコ
翻訳家。
アスペルガー症候群当事者。

真鍋祐子（まなべ・ゆうこ）
研究者。東京大学東洋文化研究所教授。
アスペルガー症候群と診断済み。

愛甲修子（あいこう・しゅうこ）
臨床心理士・言語聴覚士。

浅見淳子（あさみ・じゅんこ）
編集者。（株）花風社代表取締役。

社会《みんな》の中で生きる子どもを育む会
長年発達障害の当事者・保護者と交流を重ねてきた花風社を中心に研究者・支援者などの有志で作った勉強会。障害があっても、福祉の枠にとどまることなく一般社会で生きる力を持った子どもを育む活動に寄与することが目標。

自閉《じへい》っ子《こ》のための友《とも》だち入門《にゅうもん》

2013年7月25日　第一刷発行

著者：　社会《みんな》の中《なか》で生《い》きる子《こ》どもを育《はぐく》む会《かい》

装画：　小暮満寿雄

デザイン：　土屋 光

発行人：　浅見淳子

発行所：　株式会社 花風社
〒106-0044 東京都港区東麻布 3-7-1-2F
Tel：03-6230-2808　Fax：03-6230-2858
Email：mail@kafusha.com　URL：http://www.kafusha.com

印刷・製本：　新灯印刷株式会社

ISBN978-4-907725-89-1